mani
mani

漫履慢旅

札幌

富良野 旭山動物園

小樽

⋈ 休日慢旅 ・ 能量無限 ⋈

放自己一個漫慢假期 ・ 漫晃步履 ・ 慢心滿意

人人出版

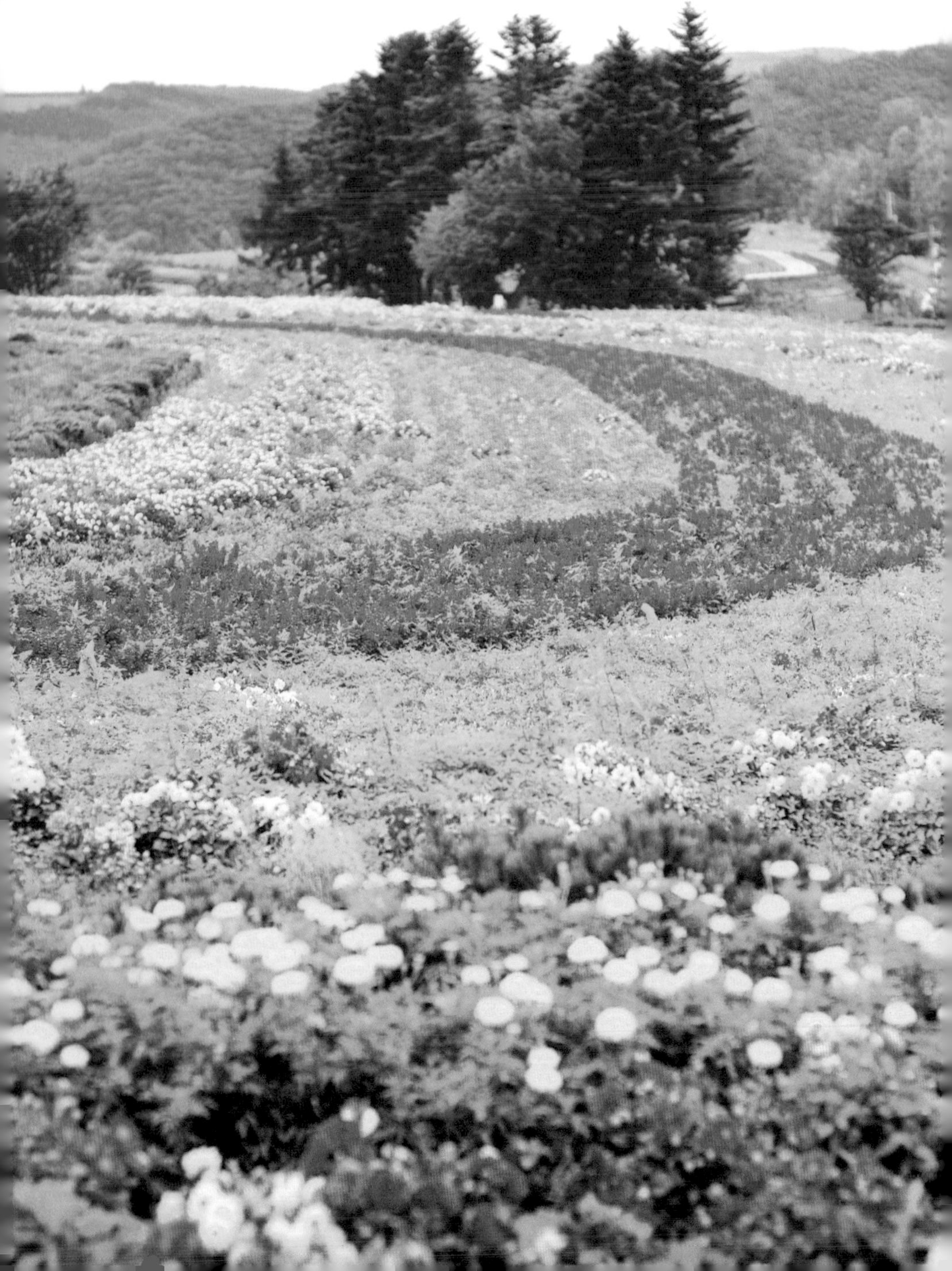

全北海道都種有甘甜美味的玉米，當地將玉米稱為唐黍（P2）／漫步大通公園時想吃點零嘴的話，絕不可錯過4月下旬～10月下旬登場的玉米攤車（P3）／札幌的象徵—克拉克博士像。札幌羊之丘展望台可飽覽詩情畫意的田園景色（P4）／富良野、美瑛有許多花田，可來趟徜徉於大自然的兜風之旅（P6）／小樽的北一硝子三號館內的附設咖啡廳。燈光將北一HALL打造成了夢幻空間（P7）

020

034

044

058

090

095

118

let's
enjoy!

符號標示 ☎ 電話　MAP 地圖　🏠 地址　🚃 交通　¥ 費用
　　　　🕐 營業時間　🗓 公休日　🪑 座位數　🅿 停車場

地圖標示 📷 觀光景點・玩樂景點　🍴 用餐　☕ 咖啡廳　🛍 伴手禮店・商店
　　　　🍶 酒吧・居酒屋　♨ 純泡湯　🛏 住宿設施　🚉 休息站　✕ 禁止通行

SCENE 1

@大通公園

― おおどおりこうえん ―

遼闊空間令人感動！最舒適的散步去處

來到札幌的人都會讚嘆這裡的遼闊。天氣好的時候原本只是想來散步，結果因為走了不少距離，變成了來運動的（笑）。公園裡有很多綠色植物，讓人感覺很舒服。我最喜歡的是野口勇設計的黑色石頭溜滑梯「Black Slide Mantra」，看著孩子們遊玩時的身影覺得很溫暖。這裡舉辦活動時，我會和老公或朋友一起來。除了雪祭或啤酒庭園等大型活動外，我還推薦5月下旬的丁香節，嫩綠色的植物與花朵十分美麗。

RECOMMENDED BY

模特兒

田中美保 小姐

與效力於職業足球隊札幌岡薩多的丈夫稻本潤一在2015年移居至札幌。活躍於情報節目「どさんこワイド179（道產子WIDE179）」及雜誌等。

我最愛的札幌5景 ♥ 大通公園

AROUND
ÔDÔRI PARK

(大通公園)

おおどおりこうえん

大通公園

東西向橫跨札幌市中心，全長1.5公里的綠帶，也是札幌市區的南北分界點。園內有噴水池及花圃、紀念碑、藝術作品等散布其中，是市民的休憩景點。還會在各個時節舉辦札幌雪祭等多項活動。

1
西3丁目噴水池與位在後方的札幌電視塔。為人氣拍照地點

2
2月上旬的札幌雪祭時，會展示超過100座的大小冰雪雕像

3
位於8、9丁目中央的藝術溜滑梯「Black Slide Mantra」

4
立於大通公園東端的札幌電視塔是札幌的地標之一

5
夏天時花圃中的各式花朵為公園增添繽紛色彩。屆時還會舉辦花圃比賽

6
公園內著名的玉米攤車會在4月下旬～10月下旬登場

7
一條玉米300日圓。除了帶有醬油焦香味的烤玉米外，也有鹽水煮玉米

☎011-251-0438 MAP 附錄正面②B5 🏠札幌市中央区大通西1～12丁目 🚇地下鐵大通站、東西線西11丁目站即到 🕐自由散步 🅿無

SCENE
2

＠函館 開陽亭 別邸
大三坂 本店

― はこだて かいようてい べってい だいさんざか ほんてん ―

RECOMMENDED BY

自由播報員・美食作家

水本香里小姐

於札幌的FM電台AIR-G' 擔任播音員、主
持人及旁白等。同時也是美食作家，著有
《札幌上等なランチ》等書。

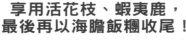

享用活花枝、蝦夷鹿，
最後再以海膽飯糰收尾！

　　札幌集結了北海道內各地海產，因此許多店都以新鮮生魚片為賣點，但這裡是少數能吃到活花枝的店。活跳跳的花枝呈透明色，彈牙的口感讓人欲罷不能！另外，紅燒螺肉對當地人而言是媽媽的味道，這裡還能選擇做成生切片或以西式手法烹調，每次來都能品嘗到新滋味。吃了活花枝、蟹肉奶油可樂餅、烤蝦夷鹿肉後，再以著名的海膽飯糰做結尾是我的固定菜單。除了日本酒外，還有多種香檳及葡萄酒可配合料理挑選。

我最愛的札幌5樂♥函館 開陽亭 別邸 大三坂 本店

 1

著名的海膽飯糰580日圓+配料鮭魚卵10g150日圓。白飯為中等飯量

 2

函館產活日本魷現吃2480日圓（價格依季節變動）。冬季為槍烏賊

 3

店家位於薄野西側。建築本身帶有函館的異國風味

 4

將花枝的內臟壓碎拌至醬油中，作為花枝肉的蘸料

 5

帶殼烤峨螺980日圓。照片為螺肉佐西式蕃茄醬與大蒜奶油

 6

半生雉雞拼盤1180日圓。可同時品嘗到雞腿肉與雞胸肉

 7

穩重的木吧檯與桌席，另有3間包廂

8

牆壁上的古董風鐘擺時鐘靜靜地隨著時間前進

9

拉開拉門後，首先印入眼簾的是懷舊的碗櫥

(薄野)

はこだて かいようてい べってい だいさんざか ほんてん

函館 開陽亭 別邸 大三坂 本店

可在懷舊洋房氣氛的圍繞下，享用以和食為主，再融入了法式及義式元素的創作料理。除了函館直送的活花枝外，蟹肉奶油可樂餅2個780日圓、北海道海鮮的馬賽魚湯1680日圓也很有人氣。

☎011-520-0155　MAP附錄正面②C7　♠札幌市中央区南五西5
6-16-5 リッチ会館1F　🚇地下鉄南北線薄野站5號出口步行4分
🕐18:00～翌5:00（週日為～24:00）　休無休　席26　P無

SCENE 3

@サンドイッチの店 さえら

さんどいっちのみせ さえら

RECOMMENDED BY

攝影師
藤原江理奈 小姐

出生於札幌。經荒木經惟推薦獲得1998年「寫真新世紀」優秀賞。除了從事名人的人像、寫真集攝影外,也活躍於各個領域。

SANDWICH
MENU

13種口味可自由搭配。
MY BEST三明治是…

我從高中時就開始來這裡了。三明治總共有13種，光是想要搭配哪種和哪種口味就是一項樂趣。不過我最喜歡的是水果&炸蝦的組合。品嘗現炸的酥脆麵衣與蝦子後，再來吃鮮奶油加上大顆草莓及罐頭水蜜桃的水果口味。隨著季節變化，有時候還會放哈密瓜喔。適中的厚度與帶有濕潤感的麵包也非常搭。蛋及馬鈴薯沙拉等基本材料都是手工製作的，希望有一天能吃遍所有口味！

我最愛的札幌5景 ♥ サンドイッチの店 さえら

大通公園周邊

さんどいっちのみせ さえら
サンドイッチの店 さえら

昭和50年（1975）創業的三明治專賣店。每天開店前就會出現排隊人潮，人氣可見一斑。三明治使用的麵包是特別訂製，裡面夾滿了手工製作的食材，一次可挑選2種口味，搭配組合達90種以上！

☎011-221-4220 MAP 附錄正面②D5 ♠札幌市中央区大通西2都心ビル地下3F ♥地下鐵大通站19號出口即到 ⏰10:00～19:00LO（週六、週日、假日為9:00～）⏸不定休 ♦41 Ⓟ無

① 斑駁的地板訴說了店家的歷史。店內有桌席與吧檯座

② 藤原掛保證推薦的"最強組合"——水果&炸蝦680日圓

③ 最有人氣的組合是帝王蟹&水果800日圓。帝王蟹數量有限

④ 三明治可外帶。在附近的大通公園享用這裡的三明治也很棒

⑤ 人氣排名第2的組合是煙燻鮭魚&炸蝦680日圓，相當豐盛的搭配

⑥ 帝王蟹&炸蝦850日圓的組合也很有人氣，還能吃到高麗菜等滿滿的蔬菜

⑦ 水分及口感配合三明治做調整的特別訂製現烤麵包

⑧ 下了狹窄的樓梯後便是店內。顧客排隊到一樓也是常有的事

⑨ 配合愛貓老闆的興趣，店內有許多貓咪物品

SCENE 4

@osteria Crocchio
— おすてりあ　くろっきお —

1

RECOMMENDED BY

音樂人
アキオカマサコ 小姐

以札幌為中心從事音樂活動的創作歌手。
廣告形象歌曲、CD《ナナイロ》深受好
評。出生於大空町女滿別，擔任網走觀光
大使。最喜歡邊吃邊尋找美食。

女性喜愛的創作義式料理，值得預約前往品嘗！

這家店一開始是栽種無農藥蔬菜的農家介紹我來的。因為是以義式料理為基礎，每道菜都有特別花費心思調理，吃起來讓人開心，只有好吃一句話！我尤其喜歡這裡的鯖魚。冷燻製作、有點生的鯖魚與裡面夾的茄子非常搭，讓我大為驚豔。我也很喜歡店裡的氣氛和工作人員。這裡感覺很舒服，一不小心就會待很久。料理分量都滿多的，但可以請店家將分量減半，所以一個人也能輕鬆前來喔。

1
鯖魚凍1296日圓是以芳香的冷燻鯖魚夾茄子

2
吧檯座很受獨自前來的女性客人歡迎。桌席坐起來也很輕鬆

3
停在樹枝上貓頭鷹造型黑板在店門口歡迎客人

4
自然融入店內，帶有玩心又有品味的小物不禁讓人會心一笑

5
培根與馬鈴薯泥半熟蛋佐松露醬1080日圓

6
煎鱈魚白子裏麵包粉佐焦香奶油醬1283日圓。春菊醬是這道料理的亮點

7
海膽醬再加上海膽的義大利麵，鹽水海膽奶油醬1815日圓

8
招牌是老闆的設計師朋友所設計。希望營造出能令人輕鬆前來的溫暖形象

9
義大利產葡萄酒等選酒品味深受好評。單杯594日圓～

10
與坪小路有一段距離，位於8丁目的低調店家。從外面可看見店內，能輕鬆入內

(薄野)

おすてりあ くろっきお

osteria Crocchio

女性主廚兒島小姐希望讓顧客在居酒屋般的氣氛中享用義式料理所開的店。工作人員也幾乎都是女性，呈現出柔和氣氛。使用講究產地的海鮮及肉類製作出的料理，不僅充滿創意，分量也十足，建議提早預約。

☎011-207-3522　MAP 附錄正面②B6　🏠 札幌市中央区南3西8-7
🚶 地下鐵南北線薄野站2號出口步行5分　🕐17:00～23:00LO（週五、週六為～24:00LO）　休 週日（另會不定休）　座27 P無

SCENE 5

@星野TOMAMU度假村 雲海平台

— ほしのりぞーと とまむ うんかいてらす —

①

雲海絕景與新鮮空氣讓人身心舒暢

在位於星野TOMAMU度假村內的雲海平台做瑜珈，能享受朝陽灑落身上的感覺，並呼吸新鮮空氣，以瑜珈的原始型態整頓身體與心靈。不論看過多少次，雲海都讓我深受感動。2015年這裡還新設了Cloud Walk展望台，希望大家能體驗走在雲海上的感覺，更貼身感受大自然的雄偉。除了雲海以外，我也很喜歡能在散步的同時親近大自然的NIPO之森。在微笑海灘游泳後，悠閒地泡一泡木林之湯等，每次來這都會有各種不同的樂趣。

RECOMMENDED BY

瑜珈講師

大森幸運先生

曾在瑜珈發源地印度修行，是印度政府認證的瑜珈講師。以札幌為中心開設瑜珈教室，同時也擔任雲海瑜珈的講師。

（TOMAMU）

ほしのりぞーと　とまむ　うんかいてらす

星野TOMAMU度假村 雲海平台

星野TOMAMU度假村是一座有飯店及滑雪場的大型度假村。如果天候條件良好，可以從位於標高1088m的TOMAMU山頂附近的觀景台「雲海平台」看到雲海。搭乘纜車前往「雲海平台」約13分。請務必親身體驗雲朵如波浪般流動，震撼力十足的壯麗景色。

☎0167-58-1111　MAP 附錄背面⑥J6
🏠占冠村中トマム星野リゾート　トマム內 🚉從札幌站搭乘特急スーパーおおぞら／スーパーとかち1小時30分，トマム站下車。從車站搭乘免費接駁巴士5分 🚡纜車來回票2200日圓，木林之湯泡湯800日圓，微笑海灘2500日圓，「Buffet Dining hal」5400日圓 🕐5月14日～10月17日早晨5:00～9:00（上山纜車末班車為1小時前）🈳期間內無休 🅿2500輛

① 出現雲海的機率約為30～40％。建議事先於官方網站確認

② 可眺望TOMAMU全景的熱氣球體驗飛行也相當高人氣

③ 除了現有的4個觀景台外，又新增了能走在雲上的「Cloud Walk」

④ 白天在林木之湯泡湯可欣賞雄偉的大自然景觀，晚上則能看到美麗星空

⑤ 雲海瑜珈1日舉辦2次，課程長度約15分。舉辦時間需洽詢

⑥ 除了「Buffet Dining hal」外還有多間餐廳

⑦ 度假村內有飯店及滑雪場，可體驗各式各樣活動

⑧ 飯店共有2間，圖為「塔娃大酒店」（1泊附早餐10000日圓～）的客房

繼續看下去

我最愛的其他札幌 小樽

熱愛札幌的5位旅遊達人在此分享
玩樂方式與精采景點，說不定能發現

Q1

SPOT

**在札幌
最喜歡的地方
是哪裡？**

Q2

GOURMET

**非吃不可
的美食是？**

Q3

HOT NOW

**現在最受矚目的
旅遊主題・景點
是什麼？**

A1 從「藻岩山」欣賞浪漫夜景

排在大通公園之後，我第二喜歡的地方是「藻岩山山頂展望台」（→P103）。那裡的夜景美麗無比，讓人感動。閃閃發亮的札幌燈火不管看多久都不會膩。我推薦傍晚就前往欣賞。

A2 最喜歡「SAMA」的湯咖哩

我來到札幌後愛上了湯咖哩，常常去吃，其中最喜歡的是「Curry & Cafe SAMA」（北海道神宮前店 ☎011-644-7422 MAP 附錄正面① A3）。那裡的湯有5種口味可以選，我每次都苦惱要選哪一種。

A3 夢想是泡遍北海道的溫泉

北海道有許多很棒的溫泉，而泡遍這裡的溫泉是我接下來想做的事之一。首先推薦大家距離札幌車程接近2小時的「登別溫泉」（MAP 附錄正面道央全體圖）。蒸氣從地面噴發出的地獄巡禮震撼力十足！

A1 從札幌能輕鬆前往的「定山溪溫泉」

從札幌出發，車程約30分就能到「定山溪溫泉」，方便和家人或朋友一起去。還可以去護膚及做SPA等，也很適合女生聚會。伴手禮則推薦位於溫泉街的大黑屋商店（☎011-598-2043 MAP 附錄背面⑥B7）的溫泉饅頭。

A2 我迷上了「一幻拉麵」

說到札幌就會想到拉麵。除了經典的味噌拉麵外，近來也出現了許多新拉麵，我尤其喜歡「一幻拉麵」（→P30）。總本店位於中央區，新千歲機場也有分店，請務必品嘗看看。

A3 北海道產葡萄酒及酒類

北海道有超過20座酒莊與13間酒窖。除了北海道產的美味食材外，近年來北海道的酒莊及酒窖也備受矚目。札幌市內現在有越來越多店家銷售北海道產酒，請務必一試。

模特兒
田中美保 小姐

自由播報員・美食作家
水本香里 小姐

SCENE ♥

富良野 旭山動物園風景

更多更深入札幌的
全新的魅力與旅遊方式喔！

A1 每一區都呈現不同 風貌的「大通公園」

「大通公園」（→P10）雖然是來札幌的人必定造訪的景點，但每次去還是很開心。它在每一丁目都有不同風格、3、4丁目的花圃和噴水池十分漂亮，過了5丁目的那一帶開始則散發悠閒氣氛。6月前後12丁目的下沉花圃可觀賞到美麗的玫瑰花。

A2 千萬別錯過不同種類 的成吉思汗烤肉！

雖然都是成吉思汗烤肉，但松尾ジンギスカンまつじん（南1条店☎011-219-2989 MAP 附錄正面②C5）是將醬汁醃進肉中，成吉思汗だるま（本店☎011-552-6013 MAP 附錄正面②C7）則是將肉沾醬汁來

吃，滋味各有不同，我會看心情決定要去哪一家。

A3 發掘在地食物的 樂趣

來札幌除了品嘗拉麵或成吉思汗烤肉這些經典美食外，我也推薦去探訪各地的在地美食。找出當地人才知道的美食或特產、吃法，探索也是旅行的樂趣之一。

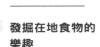

A1 「莫埃來沼公園」 的海之噴泉超讚！

莫埃來沼公園（→P88）是我最喜歡的地方。到這邊後我會先確認海之噴泉的時間，然後去爬玻璃金字塔或莫埃來山。從山頂觀看夕陽的景色美極了！噴泉在白天很有震撼力，夜間點燈則營造出夢幻氣息。

A2 最美味的 芋餅

我最喜歡「旬菜笑福 緣」（☎011-511-9757 MAP 附錄正面②D7）的芋餅！馬鈴薯的滋味和Q彈的口感會讓人上癮。另外還有各種北海道風味的料理，半生羔羊肉也很值得推薦。

A3 來自札幌的 巧克力

「SATURDAYS CHOCOLATE FACTORY CAFE」（☎011-208-2750 MAP 附錄正面②E5）是從可可生豆的烘豆開始，全以手工製作的巧克力店。70％可可的巧克

力890～980日圓，美味程度會顛覆你對巧克力的概念。

A1 去「手稻山」健行 感覺棒極了！

位於札幌郊外的手稻山（MAP 附錄背面⑥B6）由於是日本最早的滑雪場，素負盛名，春天到秋天時也可以去健行。從林立著天線的山頂可將札幌市區盡收眼底！這裡還有據說能求取姻緣的手稻神社。

A2 連麵湯也美味的 蕎麥麵店

我常去「板そばなみ喜」（本店☎011-746-0156 MAP 附錄正面①B2）。建議第一次以750日圓的板蕎麥麵來品嘗滑順好入口的粗十割蕎麥麵。麵湯直接喝也很好喝。

A3 改天想自己 做雪橇

「Makers' Base Sapporo」，這是一家會員制工房，可以自己製作喜歡的物品。（☎011-215-0351 MAP 附錄正面①B3）。我喜歡木工，有在自己做滑雪板。最近還和朋友說之後想要做雪橇。

攝影師
藤原江理奈 小姐

音樂人
アキオカマサコ 小姐

瑜珈講師
大森幸運 先生

我最愛的札幌5景 ♥ 我最愛的其他札幌 小樽 富良野 旭山動物園風景

Check

從地圖瀏覽札幌市中心
從哪裡玩起好？ 我的私房旅行

在安排行程前，先來看看札幌市中心的特徵吧。
札幌市街範圍較小，幾乎步行就能走遍。

P94

さっぽろ
札幌

**購物用餐都便利的
觀光起點**

さっぽろえきしゅうへん
札幌站周邊

JR札幌站是通往道內各地鐵路
的出發、終點站。車站是以JR
塔為中心的複合設施，可在此購
物及用餐。這裡也可直通地下鐵
札幌站。

車站周邊林立著百貨公司

P10

橫貫札幌市中心的
綠洲地帶

おおどおりこうえん
大通公園

東西向延伸1.5km的大通公園是
札幌市中心的綠洲。從位於東端
的札幌電視塔可眺望公園全景。
這裡在冬天時也是札幌雪祭等活
動的會場。

位於札幌站與薄野之間，最適
合來此散步

從電視塔俯瞰大通公園

P100

夜晚正是熱鬧時刻
北海道最繁華的不夜城

すすきの
薄野

以薄野的十字路口為中心，擴及
南4条西2～6丁目一帶的鬧區，
聚集了約4500家的餐廳及俱樂
部等。到了晚上四處皆是大樓閃
亮的霓虹燈，人聲鼎沸。

薄野有許多
能享用海鮮
的餐廳

這裡聚集了夜間咖啡廳及酒吧。到
了深夜依然熱鬧

Check

運河與玻璃的懷舊街道

小樽 <small>おたる</small> ——————— P105

小樽過去是北海道的商業中心，曾興盛一時。目前小樽仍留有運河及石造倉庫、明治～大正時代的西式建築，充滿異國情調。絕不能忘了海鮮美食及來自小樽的甜點！

小樽運河周邊的步道到了夜晚會亮起煤氣燈，營造出浪漫氣氛

超人氣動物世界

旭山動物園 <small>あさひやまどうぶつえん</small> ——————— P118

旭山動物園可說是日本最受歡迎的動物園。獨特的展示方式讓遊客能近距離觀看動物生態，是不可錯過的景點。

還能與在圓柱形水槽內游泳的海豹四目相交

這有老屋翻修而成的時髦店家

P56

位於河東側的時髦景點

創成川EAST <small>そうせいがわいーすと</small>

創成川以南北向流經札幌市中心。河畔整建為公園，很適合散步。河東側則有許多餐廳及低調店家聚集，是現在備受矚目的區域。

走訪山丘與花園之旅

富良野・美瑛 <small>ふらの・びえい</small> ——————— P124

丘陵地帶廣布著拼布般田園美景的美瑛，以及擁有富田農場等代表性花田的富良野。在如畫的風景中來趟舒暢的自駕兜風之旅吧！

春～夏季更是能看到色彩繽紛的花海地毯

Listen

須事先了解的基本二三事
我的旅行小指標

要住宿幾天？怎麼移動？該吃什麼？以下整理出能指引旅行疑難雜症的
10個小指標，不妨在安排行程時列入參考喔。

準備出發前…

即使住1晚就能很盡興
但住2晚，連近郊也能玩到

札幌市中心範圍並不大，行程緊湊點的話，
2天1夜就很夠玩了。如果想去札幌羊之丘
展望台、莫埃來沼公園等札幌近郊景點的
話，則建議再增加半天。

最適合造訪的季節是
6～10月與2月

北海道的主要觀光季節是較遲的春天6月至
深秋10月。尤其在7～8月的夏季時，不僅
氣候舒爽宜人，還可見到百花齊放的美景。
於寒冬2月舉辦的札幌雪祭也不可錯過。

主要活動

- 6月中旬…YOSAKOI索朗祭
- 7月下旬～8月下旬…札幌夏日祭
- 9月中旬～10月上旬…札幌秋季豐收節
- 2月上旬…札幌雪祭

不可錯過
在地美食與海鮮

札幌有很多拉麵及成吉思汗烤肉、湯咖哩等
各種在地美食！而且由於位處酪農王國北海
道，甜點水準也很高。從道內各地匯集於此
的海鮮也是必吃重點，壽司、海鮮蓋飯等都
非常美味。

當令食材月曆

- 6～8月…海膽（積丹）
- 7～8月…玉米
- 9～11月…毛蟹（釧路等）
- 9～10月…馬鈴薯

以札幌為起點
前往北海道人氣觀光地

如果多安排1天行程，就可以從札幌出發前
往小樽或富良野、美瑛。搭乘電車至小樽約
30分。開車或搭乘電車至富良野、美瑛車
程為2小時30分～3小時。從富良野、美瑛
回程時，也可利用旭川機場。

Listen

抵達札幌後⋯

5
從新千歲機場搭乘JR或機場巴士前往札幌

離札幌最近的機場是位於札幌東南方約47km的新千歲機場。從機場搭乘JR快速「エアポート」需37分。若想直接前往薄野一帶，雖然比較耗時，但搭乘機場聯絡巴士較為方便。

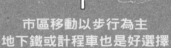
6
市區移動以步行為主 地下鐵或計程車也是好選擇

從札幌站步行至薄野約20分，如果只逛札幌市中心的話，全程步行也OK。不想走路或想節省時間時，可搭乘地下鐵或計程車，班次、車輛都很多。

7
下雪或下雨時 建議走地下道

從札幌站出發，經過地下鐵札幌站、大通站到薄野站為止，札幌站前通的地下設有地下道，在大通站也與札幌地下街相連。只要找到離目的地最近的出口，就不會弄得一身濕了。

8
以交通便利性或美食 為著眼點挑選住宿

札幌的飯店集中於札幌站到薄野之間。若想從札幌搭電車或巴士前往近郊，選擇住宿於札幌站周邊較為方便。大通公園到薄野周邊則有許多營業至深夜的餐廳。旺季時建議提早預約。

9
一定要看的 札幌4大景點

北海道廳舊本廳舍、札幌市時計台、札幌電視塔與大通公園是札幌的必去景點。只算移動時間的話，從札幌站出發走訪這4個景點只需約15分。不妨吃個午餐或喝杯咖啡，悠閒地散步逛逛。

10
買伴手禮的好所在 新千歲機場

伴手禮等到最後去機場再買是最方便的。除了北海道的代表性點心品牌六花亭及ROYCE'的人氣商品外，新千歲機場還集結了北海道內各地的伴手禮。由於伴手禮的樓層十分寬廣，建議先想好要買什麼再來逛。

詳細交通資訊請見 P134

我的旅行小指標

Route

不知道該怎麼玩時的好幫手
標準玩樂PLAN

第一次來札幌旅行不知道該怎麼玩的話,就參考以下 PLAN 吧。
也可以將自己想去的店排進 PLAN,打造出個人專屬行程!

Plan

第 1 天

Start

JR札幌站
│ 步行17分
1 Curry Di.SAVoY
│ 步行10分
2 北海道廳舊本廳舍
│ 步行7分
3 大通公園周邊
│ 步行8分、地下鐵5分、步行10分
4 三寶樂啤酒博物館
│ 步行10分、地下鐵7分、步行8分
5 スイーツバー Melty

第 2 天

JR札幌站
│ 電車1小時29分、巴士38分
6 旭川市旭山動物園
│ 巴士38分、電車1小時29分、步行8分
7 六花亭 札幌本店
│ 步行12分、市電20分、步行10分
8 藻岩山山頂展望台
│ 步行10分、市電20分、步行4分
9 一幻拉麵
│ 步行12分
10 北海道產酒BAR かま田

大通公園周邊 │ 札幌站周邊 │ 大通公園周邊 │ 札幌近郊 │ 薄野 │ 旭川 │ 札幌站周邊 │ 札幌近郊 │ 薄野周邊 │ 薄野

第 1 天 **1** ┃ 湯咖哩

Start

JR札幌站

大通公園周邊 ━━ **P34**

がりー でぃ さぼい
Curry Di.SAVoY

在此能享用到使用20種以上香料製作、香氣四溢的湯咖哩。放入了15種不同色彩蔬菜的咖哩值得一嘗。

2 ┃ 必看觀光景點

札幌站周邊 ━━ **P95**

ほっかいどうちょうきゅうほんちょうしゃ
北海道廳舊本廳舍

明治時期的代表性西式建築,當地人暱稱為「紅磚廳舍」。外牆使用了250萬塊紅磚。

第 2 天 **6** ┃ 前往旭川觀光

旭川 ━━ **P118**

あさひかわしあさひやまどうぶつえん
旭川市旭山動物園

稍微離開札幌,一遊旭山動物園。除了園內餐廳外,午餐也可以考慮旭川拉麵。由於這個行程需要半天,建議一早就出發。

7 ┃ 探訪甜點

札幌站周邊 ━━ **P60**

ろっかてい さっぽろほんてん
六花亭 札幌本店

想找伴手禮的話,就來2015年7月開幕的人氣點心店——六花亭的札幌本店吧。咖啡廳為17:30LO(可能會有更動),請多留意。

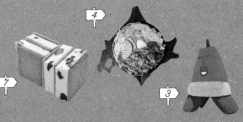

Route

3 市中心的綠洲 | 4 代表性的札幌晚餐 | 5 用聖代為做結尾

| 大通公園周邊 ──── P10 | 札幌近郊 ──── P103 | 薄野 ──── P54 |

おおどおりこうえんしゅうへん
大通公園周邊

大通公園位於札幌中心地帶，是能讓人親身感受四季變化的所在。札幌電視塔及札幌市時計台等景點也位於此處。

さっぽろびーるはくぶつかん
三寶樂啤酒博物館

日本唯一的啤酒博物館。收費試飲區可以喝到剛釀造好的啤酒。晚酒就在附設餐廳享用成吉思汗烤肉吧。

すいーつばー めるてぃ
スイーツバー Melty

造型可愛的客製化聖代相當受歡迎。營業至隔天早上，也提供各種酒類。

標準玩樂PLAN

8 夜景名勝 | 9 拉麵 | 10 在薄野小酌一杯

| 札幌近郊 ──── P103 | 薄野周邊 ──── P30 | 薄野 ──── P53 |

もいわやまさんちょうてんぼうだい
藻岩山山頂展望台

搭乘空中纜車抵達山頂後，可從展望台將札幌市區盡收眼底。浪漫夜景絕對值得一看。

えびそばいちげん
一幻拉麵

帶動鮮蝦拉麵熱潮的札幌人氣拉麵店。鮮蝦高湯搭配豚骨湯頭的新感覺拉麵不可錯過。

はっかいどうさんしゅばー かまだ
北海道産酒BAR かま田

鬧區薄野聚集了許多極具魅力的酒吧，是嘗遍各種道產酒的好所在。難得來到札幌，就多喝幾間吧。

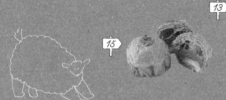

Route

Plan

第3天

JR札幌站
┃ 電車32分
JR小樽站
┃ 步行10分
11 小樽運河
┃ 步行11分
12 おたる 日本橋
┃ 步行12分
13 堺町通
┃ 步行即到
14 小樽洋菓子舖
　　 LeTAO本店
┃ 步行8分、
┃ 電車1小時10分
15 新千歲機場

小樽 ┃ 千歲

Finish

第3天

11 ｜ 運河遊船

小樽 ————— P107

おたるうんが
小樽運河

小樽是保留了懷舊氣氛的港都。建議搭乘小樽運河遊船飽覽兩旁石造倉庫林立的運河風光。

12 ｜ 壽司午餐

小樽 ————— P111

おたる にほんばし
おたる 日本橋

聚集了新鮮海產的港都小樽，壽司水準也非常高。午餐時間是能以實惠價格品嘗到絕品壽司的好時機。

Finish

新千歲機場

13 ｜ 小樽玻璃

小樽 ————— P108

さかい まちどおり
堺町通

小樽最熱鬧的購物街—堺町通有各式販賣小樽玻璃等雜貨的店舖，想必能在這發現自己喜歡的東西。

14 ｜ LeTAO甜點

小樽 ————— P114

おたるようがしほ るたおほんてん
小樽洋菓子舖 LeTAO本店

說到小樽的甜點就想到LeTAO。本店附設有咖啡廳，可在此品嘗到人氣雙層起司蛋糕及當季甜點。

15 ｜ 尋訪伴手禮

千歲 ————— P76

しんちとせくうこう
新千歲機場

直到班機起飛前都能在此購買伴手禮，也別錯過了機場限定伴手禮及美食、娛樂景點。

WELCOME TO
SAPPORO

現在最想一探究竟的札幌觀光

Let's start your trip!

GOURMET GUIDE

新種類拉麵不斷登場！
誘人的拉麵世界

除了札幌最具代表性的味噌拉麵，現在也不斷出現各種變化多端的新感覺拉麵。
從引發話題的拉麵到經典的味噌拉麵，在拉麵激戰區札幌來趟美味店家探訪之旅吧。

COMMENTED BY　竹島繪美子　EDITOR

鮮蝦拉麵

（ 薄野周邊 ）

えびそばいちげん
一幻拉麵

**湯頭由鮮蝦與豚骨搭配而成
札幌的新名產──鮮蝦拉麵**

帶動札幌鮮蝦拉麵熱潮的名店。以鮮蝦高湯為基底，調入豚骨湯頭，打造出具深度的滋味。除了有鹽味、味噌、醬油3種口味外，豚骨湯頭也有3種濃度可選擇。麵條則有細麵與粗麵2種。

☎011-513-0098 ⅯⅯⅯ附錄正面②
B8 🏠札幌市中央区南7西9-1024-
10 🚃東本願寺前電車站步行3分
🕐11:00～翌3:00 休週三 席16
🅿11桶

SHOP DATA

1 突顯鮮蝦香味的濃厚湯頭，鮮蝦味噌拉麵780日圓 2 店內以木質裝潢為主，環境明亮 3 以鮮蝦高湯炊煮出的鮮蝦飯糰160日圓 4 美味的關鍵是熬煮甜蝦頭3小時以上而成的特製湯頭

札幌郊外

らーめんやまさわ
らー麺山さわ

更加進化的小魚乾湯頭與辣油的辣味是絕配

由清湯、白湯、小魚乾等3種湯頭變化出豐富品項。麵條有直麵與捲麵2種。普通的醬油拉麵700日圓為清湯與小魚乾的雙重湯頭。人氣款カラニボ是以凶煮干醬油拉麵750日圓的湯頭為基底，加上鯖魚柴魚辣油的辣味，絕妙滋味讓人上癮。

☎011-513-0021 MAP附錄正面① B3 🏠札幌市中央区南11西8-3-12 🚋中島公園通電車站步行3分 🕐11:30～21:00 休週三 席11 P2輛

SHOP DATA

カラニボ

1 自製辣油增添了辛辣感 2 カラニボ800日圓。鮮艷色彩與小魚乾的滋味讓人留下強烈印象 3 使用100%小魚乾高湯的講究湯頭 4 店內裝潢以黑色為主，風格俐落

GOURMET GUIDE

べじそば

べじそば ななつき
べじそば ななつき

以雞白湯湯頭加上蔬菜泥煮成的「べじそば」，在雞的鮮味中增添了蔬菜的甘甜，滋味豐富。湯頭的材料皆為北海道產，未添加任何化學物質，對身體無負擔。可加點蔬菜配料。

☎011-213-0201 附錄正面②C8
札幌市中央区南7西6-7-1第七北海ビル1F 東本願寺前電車站即到 11:30～16:00、18:00～翌3:00(湯頭用完打烊) 不定休 20 無

1 配有蔬菜與雞叉燒的べじそば780日圓 2 店內氣氛讓女性也能一個人輕鬆前來

香辣美味

とらのこ
寅乃虎

擷取熬煮10小時以上的豚骨與日高產昆布、小魚乾菁華而成的湯頭，添加10種以上香料製作出的香辣拉麵很受歡迎。除了可選擇濃郁、清爽口味外，辣度也分為4種等級。

☎011-561-7955 附錄正面①B3
札幌市中央区南5西24-3-17 第17藤栄ビル1F
地下鐵東西線圓山公園站4號出口步行8分
11:00～15:00、18:00～20:00 週三，第2、3週二 8 3輛

1 香料香味撲鼻而來的一ノ寅750日圓 2 有4席吧檯座與2張2人座餐桌

經典・味噌

①

大通公園周邊

らあめんせんじゅ
らあめん千寿

雞爪與豚骨熬煮的湯頭加上味噌醬展現出細膩滋味。豬油炒蒜頭的香氣讓人食指大動。

☎011-281-1101 **MAP** 附錄正面②A5
🏠札幌市中央区大通西8-2-39北大通ビル地下1F 🚇地下鐵東西線西11丁目站4號出口步行4分 🕚11:00～19:30LO 🈺週日🈵13 🅿無

1 湯頭看起來雖然濃郁,入喉後十分清爽。味噌拉麵780日圓 2 午餐時間總是大排長龍

①

札幌近郊

めんや さいみ
麺屋 彩未

位於住宅區的超人氣店,開門前便會出現排隊人潮。以國產豬的前腿骨與雞架骨為基底,加入3種味噌調製成的湯頭濃郁香醇。

☎011-820-6511 **MAP** 附錄正面①C3
🏠札幌市豊平区美園10-5-3-12 🚇地下鐵東豐線美園站1號出口步行3分 🕚11:00～15:15LO、17:00～19:30LO 🈺週一、每月另有2次不定休 🈵20 🅿12輛

1 生薑泥更添獨特滋味。味噌拉麵750日圓 2 店內除吧檯座外另有3桌桌席

①

薄野

きらいと
喜来登

香味蔬菜與獨家調和的道產味噌慢火熬煮,香氣四溢,湯頭口味溫順。麵中放有大量絞肉,建議充分拌開後再享用。

☎011-242-6070 **MAP** 附錄正面②C6
🏠札幌市中央区南2西6-3-2 🚇地下鐵大通站1號出口步行5分 🕚11:30～22:30LO 🈺週四(逢假日則營業) 🈵28 🅿無

1 放有滿滿蔥花! 震撼力十足的味噌拉麵700日圓 2 店內有許多名人簽名,人氣可見一斑

①

大通公園周邊

あじのさんぺい
味の三平

將札幌＝味噌拉麵的印象深植人心的老店。湯頭融合了味噌的溫和滋味,入喉之後溫順清爽,讓炒過的蔬菜與絞肉更顯甘甜。

☎011-231-0377 **MAP** 附錄正面②D5
🏠札幌市中央区南1西3大丸藤井セントラルビル4F 🚇地下鐵大通站11號出口步行3分 🕚11:00～18:30 🈺週一、第2週二 🈵22 🅿無

1 放有洋蔥、豆芽、高麗菜等大量蔬菜。味噌拉麵850日圓 2 店家位於大樓內,店內僅有吧檯座

GOURMET GUIDE

熱騰騰的甘甜好滋味！
北海道湯咖哩的主角是蔬菜

札幌的在地美食─湯咖哩使用了大量蔬菜，非常健康。
將香辣湯頭與大塊蔬菜一起送入口中，感覺能幫助身體排毒喔。

COMMENTED BY 深森あんず WRITER

(大通公園周邊)

かりー　でぃ　さばい
Curry Di.SAVoY

**慢火燉煮的湯頭搭配
色彩繽紛的蔬菜**

將雞架骨及蔬菜熬煮18小時以上並仔細過
濾，以去除油脂而成的清爽湯頭為基底，再
加入獨家混合的印度綜合香料粉及紅辣椒等
20多種香辛料，打造出香氣撲鼻的湯咖哩。

☎011-219-7810
MAP 附錄正面②C5
🏠札幌市中央区南1西5-7豐川南1
条ビル地下1F ♟地下鐵大通站10
號出口即到 🕐11:30～22:00
LO 🈳週三 🈳30 🅿無

SHOP DATA

1 使用15種當令蔬菜的咖哩1350日圓。加108日圓可將白飯換為糙米飯 2 除了
牛骨、雞架骨外，湯頭還帶有滿滿的蔬果養分及鮮美滋味 3 北海道產豬肋排
（普通分量）咖哩1080日圓 4 蔬菜的擺盤非常賞心悅目！

(大通公園周邊)

すーぷ かれー とれじゃー

SOUP CURRY TREASURE

美式風格裝潢的低調湯咖哩店。提供帶有烤海鮮香氣的「海の恵」、以芝麻及豆漿為基底的「山の恵」等3種湯頭。農家直送的蔬菜也十分美味。

☎011-252-7690 MAP附錄正面②D5
🏠札幌市中央区南2西2-10富樫ビル地下1F 🚇地下鐵大通站36號出口即到 ⏰11:30~22:00LO（週日、假日為~21:30LO）休不定休 座38 P有契約停車場

1 本店是人氣店GARAKU的姐妹店 2 3種香濃起司與手工漢堡排1242日圓。起司與漢堡排非常搭

(札幌近郊)

すーぷかりー おくしばしょうてん さっぽろそうほんてん

スープカリー 奥芝商店 札幌総本店

翻修屋齡70年以上的老屋打造出的懷舊空間。可說是本店代名詞的自豪鮮蝦湯頭，是從蝦頭仔細萃取出鮮味，調理出的濃郁滋味。

☎011-561-6662 MAP附錄正面①B3
🏠札幌市中央区南8西14-2-2 🚇西線9条旭山公園通電車站即到 ⏰11:00~15:00LO（週六、週日、假日為~15:30LO）、17:30~21:00LO（湯頭用完打烊）休不定休 座31 P6輛

1 柔嫩雞肉與特選彩色蔬菜咖哩之卷（鮮蝦湯頭）1310日圓，蔬菜為店主嚴選
2 店內為穩重的和風摩登風格

(圓山周邊)

そうる すとあ

SOUL STORE

湯頭能品嘗到豚骨及海鮮、蔬菜的鮮甜，清爽中竟又帶濃郁。碗中的炸牛蒡及細心調理過的蔬菜形成美麗構圖。

☎011-616-8775 MAP附錄正面①B2
🏠札幌市中央区北1西18市田ビル1F 🚇地下鐵東西線西18丁目站3號出口步行5分 ⏰11:30~15:00、17:30~20:30LO（有時為18:00~，湯頭用完打烊）休不定休 座12 P2輛

1 小巧玲瓏的店內令人放鬆 2 蔥鹽燉煮北海道產牛與舞菇天婦羅咖哩1350日圓。具立體感的裝盛方式讓人驚喜

GOURMET GUIDE

在優質餐廳享用
在地食材製作的美味午餐

很推薦在午餐時間輕鬆享用札幌知名的美味法式或義式料理。
主廚細心烹煮再加上北海道產新鮮食材，讓人品嘗到幸福滋味。

COMMENTED BY 竹島繪美子 EDITOR

札幌站周邊

もりえーるかふぇ ふってもはれても

Moliére Café 降っても晴れても

氣氛輕鬆自在
臨近車站的法式餐廳

於2015年7月開幕，是札幌的法國料理名店
「Moliére」所開的咖啡廳。色彩豐富的沙拉搭配主
菜、飲料的午餐套餐menu-A為1944日圓。晚餐全餐
為1944日圓～。下午茶時間則推薦這裡的自製小
點。

☎011-221-2000 附錄正面②B3
札幌市中央区北4西6-3-3六花亭札幌本
店9F JR札幌站步行5分 午餐11:00～
14:00LO，下午茶14:00～16:00，晚餐
17:30～20:00LO 週三 48 無

SHOP DATA

1 午餐的menu-B為
2808日圓，較menu-
A多了甜點。圖中主
菜為紅酒燉牛肉 2
店名的意思是希望客
人不論在什麼天氣都
能前來光顧 3 甜點
的安茹白乳酪蛋糕

HAVE A NICE TIME

1 自製小點1512日圓，附咖啡或紅茶

2 廚房採開放式設計，可看到烹調料理的情景

3 店內空間以舒適的自然風格為概念，打造出讓人感受到木頭溫暖的環境

4 午餐及晚餐皆附當季蔬菜沙拉，擺盤十分精美

(圓山)

みや・づい
MiYa-Vie

融合法式與日式元素
美觀細膩的料理

在此能品嘗到橫須賀主廚獨創的法國料理。
餐點主要使用北海道食材，並在法國料理的
技法中加入日本獨特的調理手法及感性。薑
及柚子等當令佐料更加襯托出食材本身的風
味。建議事先預約。

☎011-532-6532
MAP 附錄正面①B3 ▲札幌市中央
区南6条西23丁目4-23アールブラ
ン1F ▮地下鐵東西線圓山公園站4
號出口步行10分 ❹12:00～13:
30LO、18:00～20:30LO ❻週
二、第4週三，午餐休週三 ❷28
₽4輛 ※若使用包廂另收10%包
廂費、晚餐另收10%服務費

SHOP DATA

1 午餐3200日圓全餐的主菜之一，江別產豬肩里肌佐蒸烤大瀧六線魚與當令蔬
菜 2 午餐的甜點也很豐富。圖為和風奶油法式甜甜圈與冰淇淋 3 橫須賀主廚
曾在洞爺溫莎度假酒店內的「Michel Bras」餐廳擔任日籍主廚 4 餐廳備有包
廂，也適合在特別的日子前來享用午餐或晚餐

（ 薄野 ）

る・じゃんてぃおむ

Le Gentilhomme

昭和63年（1988）創業，散發古典氣息的法國料理餐廳。可在此品嘗使用北海道產蔬菜及野味烹調的正統法國料理。

☎011-531-2251 MAP 附錄正面②B7
🏠札幌市中央区南4西8サンプラーザ札幌1F 🚶資生館小學校前電車站步行4分
🕐11:30～14:30LO、17:30～21:30LO 🈺週二，假日需洽詢 🈳約40 🅿4輛

1 裝潢走穩重風格，服務也極有口碑 2 全餐使用的是當天進貨的食材。午餐2970日圓～，晚餐6831日圓～

（ 創成川周邊 ）

りすとらんて てるつぃーな

RISTORANTE TERZINA

店內裝潢以白色為主，風格成熟洗鍊而低調，能在此享用在地食材製作的義大利料理。包括前菜及義大利麵、甜點等，共7道菜的午餐1944日圓～也深受好評。

☎011-242-0808 MAP 附錄正面②E6
🏠札幌市中央区南2西1アスカビル2F 🚶地下鐵大通站35號出口步行2分 🕐11:30～14:00LO、18:00～21:30LO 🈺不定休 🈳34 🅿無 ※晚餐另收10%服務費

1 使用當令食材製作，共7道菜的C全餐10800日圓 2 店內也有半包廂式座位，建議事先預約

（ 大通公園周邊 ）

りっちくちーな いたりあーな

RICCI cucina ITALIANA

可吃到正統義大利料理，主要使用札幌近郊採收的蔬菜及道東別海町的薩福克羊等北海道食材。午餐為1140日圓～，價格實惠。

☎011-280-4700 MAP 附錄正面②B5
🏠札幌市中央区南1西7-12-2大通公園ウエストビル2F 🚶地下鐵大通站1號出口步行5分 🕐11:30～13:30LO、17:30～21:30LO 🈺週一（逢假日則翌日休） 🈳22 🅿無

1 川崎主廚曾在義大利修行2年 2 包括前菜及義大利麵、肉類料理等，共7道菜的午餐全餐「RICCIコース」3000日圓

GOURMET GUIDE

從札幌市中心走遠一點
在農場餐廳邂逅美食

離開市中心前往札幌近郊能近距離接觸北海道壯闊的自然風光。
就在田園風光圍繞的農場餐廳悠閒地度過時間吧。

COMMENTED BY 深森あんず WRITER

（札幌近郊）

かふぇ らんち さいとうふぁーむ
Cafe´ Lunch 斉藤ファーム

在農場的穀倉與畜舍內
感受木頭的暖意

利用興建於昭和3年（1928年）的舊三谷牧場江別磚穀倉與畜舍所開設的咖啡廳。無菜單午餐1026日圓（12:00〜14:30）使用30種5色食材，調理出豐富的當令菜餚，盛裝在小盤內。店家自行將北海道產糙米碾米所烹煮的米飯也十分美味。

☎011-661-8111
MAP 附錄正面①A1 ■札幌市西區發寒8条13-1-13 ‼JR發寒站步行5分 ⏰11:00〜23:00（餐點LO22:00，飲料LO22:30）休無休 席80 P20輛

SHOP DATA

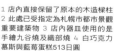

1 店內直接保留了原本的木造樑柱
2 此處已受指定為札幌市都市景觀重要建築物 3 店內器皿使用的是手繪九谷燒及織部燒 4 白巧克力慕斯與藍莓蛋糕513日圓

1 店內為挑高的開放式空間 2 自助式吃到飽午餐1700日圓，建議提早預約（不接受當日預約）

（ 北廣島 ）

ほくれん くるるのもり のうそんれすとらん

ホクレン くるるの杜 農村レストラン

餐廳所在的農場是為了凝結生產者與消費者而開設的複合式設施。在此能以自助式盡情享用北海道產食材製作的料理，菜色以家庭料理為主。

☎011-377-8886（預約專用，接聽時間9:00～11:00、14:30～17:00）**MAP**附錄背面⑥D7 ▲北広島市大曲377-1 ‼JR札幌站搭乘往新千歲機場JR快速エアポート16分，北廣島站車程13分 ●11:00～15:30、17:30～21:00（晚餐時段僅週六、週日、假日營業）休不定休 席150 ℗312輛

（ 長沼 ）

ふぁーむれすとらんはーべすと

ファームレストランHARVEST

餐點主要使用自家農園栽種的甘甜May Queen馬鈴薯，希望讓顧客體會到成熟蔬菜及水果的美味。可在充滿木頭溫暖氣息的明亮店內用餐。

☎0123-89-2822 **MAP**附錄背面⑥E6 ▲長沼町東4北13 ‼JR札幌站車程55分 ●11:00～17:00LO、（週六、週日、假日為～20:00LO、12～2月的週一～週五為～16:30LO）休週四（12～2月為週四與第1、3週三）席40 ℗50輛

1 包括芋餅、奶油可樂餅等餐點的農園馬鈴薯套餐1150日圓
2 店面為耗時4年興建完成的手工原木屋

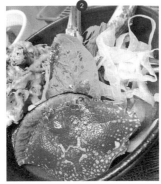

1 店內亦有販售果醬及點心 2 梭子蟹スープスパイス1580日圓是人氣餐點。可挑選主食的食材

（ 千歲近郊 ）

きっちん ふぁーむやーど

kitchen FARM YARD

主要使用自家農園栽種的約50種蔬菜提供豐富菜餚。蔬菜與香草熬煮的湯頭加入香辛料與當令蔬菜所調理出的スープスパイス980日圓～。

☎0123-86-2580 **MAP**附錄背面⑥E7 ▲由仁町西三川913 ‼JR札幌站車程1小時10分 ●11:00～19:30LO（9～4月為～19:00LO）休週二（逢假日則營業，有補休）※有冬季公休 席62 ℗25輛

GOURMET GUIDE

大啖北海道當令美食
美味沒話說的海鮮午餐

擔心正統壽司或海鮮蓋飯的店家太高檔…？
那就選擇既保留了料理人對美味的堅持，又價格實惠的午餐吧。中午也來奢侈一下♪

COMMENTED BY 深森あんず WRITER

(大通公園周邊)

すし あおい おおどおりびっせてん

鮨 葵 ODORI BISSE店

在札幌的人氣店家
輕鬆享用滿是當令美味的海鮮午餐

於2015年6月開幕，是薄野的壽司名店「棗」的姐妹店。午餐有淑女套餐1404日圓及有10貫握壽司的楠套餐1944日圓等8種選擇，以划算價格就能享用到當令食材製作的壽司。晚間無菜單套餐為5400日圓～。

☎011-200-5505
MAP 附錄正面②C5 ♠札幌市中央区大通西3-7大通ビッセ4F ♥直通札幌站前通地下步行空間 ◐11:00～14:30LO、17:00～22:00LO ◐12月31日、1月1日 ◐37 ◐無

SHOP DATA

1 5貫握壽司加上迷你鮭魚卵蓋飯、沙拉、茶碗蒸、季節甜點的淑女套餐。1日限定20份 2 店長谷村先生 3 店內有吧檯座、可望見大通的桌席及包廂

1 店內有吧檯座與包廂，氣氛開通，讓人忘記時間的流逝 2 滿腹握壽司1300日圓共有12貫壽司，滿足感沒話說

（ 大通公園周邊 ）

すしのふくいえ
寿司の福家

位於辦公區的人氣壽司店，能以實惠價格品嘗到師傅使用北海道的海產握出的壽司。午餐時段有8貫握壽司搭配茶碗蒸及沙拉的超值套餐700日圓、附散壽司的淑女套餐900日圓等8種選擇。

☎011-232-1567 附錄正面②C5
札幌市中央区南1西5KAGA1・5ビル地下1F
地下鐵大通站10號出口即到 11:30～14:00 LO、17:00～23:00 週日 34 無

（ 大通公園周邊 ）

すしとろ
鮨とろ

吸引全國各地顧客前來造訪的老店。使用道產天然食材，並堅持以「地獄炊」的炭火方式炊煮醋飯。午餐時段限定的生散壽司1728日圓也值得推薦。

☎011-251-0567 附錄正面②B5
札幌市中央区南1西7-20-1札幌スカイビル1F
地下鐵大通站1號出口步行5分 11:30～15:00（午餐為～14:00）、17:00～22:00（週日、假日為12:00～21:00） 週一 20 無

1 午餐生壽司1404日圓可吃到黑鮪魚赤身及牡丹蝦等豪華食材
2 店內除了吧檯座外也有桌席

1 黃色門簾為註冊商標 2 無菜單海鮮蓋飯3024日圓有海膽、鮭魚卵、鮪魚、牡丹蝦等15～20種堆積如山的食材

（ 創成川周邊 ）

さかなやのだいどころ にじょういちばてん
魚屋の台所 二条市場店

老闆每天親自前往批發市場採購，以上等食材為賣點的海鮮蓋飯專賣店。食材給得非常大方，米飯使用醋飯。招牌的無菜單海鮮蓋飯分為小1944日圓、並2484日圓及最有人氣的上（圖片）3種。

☎011-251-2219 附錄正面②E5
札幌市中央区南2東2小西ビル1F 地下鐵大通站26號出口步行4分 7:00～17:00（食材用完打烊） 不定休 30 無

GOURMET GUIDE

來到了北海道當令食材集散地札幌
當然要在吧檯座享用"無菜單握壽司"

吃壽司就是要坐在吧檯座！札幌有很多壽司店都歡迎生客上門，
讓人能以在家般的輕鬆感覺，享用精心製作的無菜單握壽司。

COMMENTED BY 川谷恭平 EDITOR

(薄野)

すし さいこう
鮨 西光

精湛的職人料理技術與高品質食材
營造出吧檯前的美妙時光

薄野的實力派店家。強力推薦這裡的無菜單
全餐10000日圓（稅另計），可享用使用當
令食材的生魚片、烤物、茶碗蒸等，以及
8～9貫握壽司。另外也推薦無菜單握壽司
12貫5400日圓。

☎011-511-1544
MAP 附錄正面②D7 ▲札幌市中
央区南5西3N·グランデビル地下1F
🚶地下鐵南北線薄野站3號出口即
到 🕐18:00～翌0:00（需預約，食
材用完打烊）
🈺週日、假日 席8 P無

SHOP DATA

1 握壽司可品嚐到馬糞海膽及石狗
公等高級食材 2 每天使用不同食
材，料多味美的茶碗蒸也頗負盛名
3 店內僅有8席吧檯座，請務必事
先預約 4 除了海鮮的品質外，老
闆西牧先生的手藝也非常精湛

（札幌站周邊）

さっぽろ すしどころ かいもり
さっぽろ 鮨処 海森

位於商業區地下層餐廳旁的人氣壽司店。握壽司1人份為10貫，金額依食材內容而定。由老板親自嚴選當天捕獲、品質最佳的食材，以良心價格提供給顧客。自製高湯醬油醃漬的鮭魚卵更是一絕。使用當令食材的生散壽司2200日圓～。

☎011-221-6500
MAP 附錄正面②B3 🏠札幌市中央区北5西6-1-24 第1道通ビル地下1F 🚶札幌站步行5分
🕐17:00～23:00 休週日、假日 席37 P無

1 北海道當令握壽司2500日圓～。有機會一次品嘗到經典的海膽、鮭魚卵、鮪魚到帝王鮭及松川鰈等稀有食材 2 除了吧檯座外，也有寬敞的和式座位 3 老闆森先生有20年以上握壽司料理經驗

（薄野）

すしのくら
鮨ノ蔵

運用使食材熟成以帶出甘美滋味的調理法，讓顧客品嘗到配合每種食材用心料理的壽司及小菜。脫水後炙烤表面的鮪魚中腹及神經絞處理的婆鰈、風乾帆立貝等，每道絕品料理都能看見老闆的講究。

☎080-3237-5430
MAP 附錄正面②C6 🏠札幌市中央区南2西4乙 井ビル地下1F 🚶地下鐵南北線薄野站2號出口步行3分
🕐18:00～23:00(需預約) 休週日 席5 P無

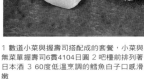

1 數道小菜與握壽司搭配成的套餐，小菜與無菜單握壽司6貫4104日圓 2 吧檯前排列著日本酒 3 60度低溫烹調的鱈魚白子口感滑嫩

GOURMET GUIDE

盡情享用北國漁獲
匯集美酒佳餚的海鮮居酒屋

當令鮮魚加上海膽、螃蟹、鮭魚卵…，大啖北海道海產做成的生魚片及蓋飯、單品料理，在以美味及工作人員笑容著稱的居酒屋度過歡樂的札幌夜晚。

COMMENTED BY 川谷恭平 EDITOR

1 店內人聲鼎沸 2 山葵馬鈴薯沙拉390日圓 3 元祖つっこ飯1990日圓

（ 薄野 ）

らうすりょうり うみ はちきょう
羅臼料理 海味 はちきょう

曾是羅臼漁夫的老闆經營的海鮮居酒屋。最著名的料理是隨著氣勢十足的吆喝聲將自製醬油醃鮭魚卵豪邁裝入碗公的「つっこ飯」，震撼人心的呈現方式值得一看。另外還有各種豪邁的漁夫料理，能在此盡情品嘗鮮美海產。

☎011-222-8940 MAP 附錄正面②D6
🏠札幌市中央区南3西3都ビル1F ♨地下鐵南北線薄野站1號出口即到 ●18:00～23:00LO（週日、假日為17:00～22:00LO）休無休 ⑲60 Ⓟ無

（ 札幌站周邊 ）

いざかやふるさと さっぽろそうほんてん
居酒屋ふる里 札幌総本店

以實惠價格提供老闆親自去市場採購的海鮮，是當地人也愛光顧的居酒屋。除了招牌菜色外，別忘了留意牆壁上每天更換的菜單。還有手工鹽辛花枝350日圓及納豆天婦羅550日圓等種類豐富的小菜。

☎011-233-3311 MAP 附錄正面②C4
🏠札幌市中央区北1西3札幌中央ビル4F
♨札幌站前通地下步行空間7號出口即到
●17:00～23:30LO
休不定休 ⑲130 Ⓟ無

1 7種生魚片拼盤2500日圓 2 店內有吧檯座、桌席、下嵌式座位 3 紅燒紅魚650日圓

(薄野)

いざかや くさち
居酒屋 くさち

除了當令海鮮類外，還有烤物及炸物等，店內隨時能享用到50種以上菜色。最著名的料理是將小樽產毛蟹的蟹肉剝下，裝在蟹殼內端上桌的「かにだるま」，店家還會細心附上蟹黃。店內有自日本全國各地精挑細選的日本酒，建議靜下心來細細品嘗。

☎011-232-0204　MAP附錄正面②C6
🏠札幌市中央区南3西4 南3西4ビル7F 🚇地下鐵南北線薄野站2號出口步行3分 🕐17:00～翌0:00LO 🈳週日、假日 🈵30 🅿無

1 店內有吧檯座與和式座位。建議事先預約 2 玉子燒450日圓，以醬油為基底，調味較甜 3 かにだるま1人份880日圓，可品嘗到鮮嫩蟹肉

(札幌站周邊)

すぎの
すぎ乃

本店位於著名海膽產地─積丹，因能夠品嘗到高品質海膽而富盛名。鹽水馬糞海膽蓋飯有小到特大等3種分量。由於店家堅持使用無添加的海膽，因此價格會隨進貨狀況而變動。另外也可選擇以生切片或燒烤方式享用積丹的海鮮。

☎011-221-7999　MAP附錄正面②D3
🏠札幌市中央区北1西2オーク札幌ビル地下1F 🚇地下鐵東豐線札幌站22號出口步行2分 🕐11:30～13:30、17:00～22:30 🈳不定休 🈵24 🅿無

1 極上 鹽水馬糞海膽蓋飯 濱中產最高級品6300日圓（時價）2 建議事先確認海膽的到貨狀況 3 店家雖然位於地下層，但幽靜高雅 4 油漬牡蠣附吐司750日圓

GOURMET GUIDE

深入在地人靈魂的美食
在成吉思汗烤肉名店大烤特烤♪

將豪邁燒烤店家特選的羊肉送入口中，讓人進入前所未有的美味境界。
搭配蔬菜一起享用更加健康，配上啤酒的滋味當然也沒話說。

COMMENTED BY 川谷恭平 EDITOR

(薄野)

よぞらのじんぎすかんほんてん
夜空のジンギスカン本店

位於大廈10樓，可一面眺望薄野的夜景，一面
享用成吉思汗烤肉。除了一般的生羔羊肉外，
也推薦士別產的薩福克羔羊及日高產蝦夷鹿肉
等。口味有醬油醬料、味噌醬料、香草鹽等3
種，可依喜好挑選。

☎011-219-1529 附錄正面②C6
札幌市中央區南4西4MYプラザビル10F 地下鐵南北線
薄野站2號出口即到 17:00～翌0:30LO 無休 40
P無

1 北海道士別產生
羔羊肉1150日圓
2 夜空拼盤套餐
1950日圓 3 除了
吧檯座外也有和式
座位

1 遼闊寬敞的凱塞爾大廳 2 名產成吉思汗烤肉吃到飽100分
鐘3132日圓 3 厚度恰到好處的生羔羊肉

(札幌近郊)

さっぽろびーるえん
札幌啤酒園

位於Sapporo Garden Park內的巨大啤酒園，包
括屋頂挑高的凱塞爾大廳所在的開拓使館在
內，共由4個館構成，各館都能品嚐到生羔羊肉
的成吉思汗烤肉與工廠直送生啤酒。除了吃到
飽外，也有豐富的單點菜色。

☎0120-150-550(預約專線) 附錄正面①C2
札幌市東區北7東9-2-10 地下鐵東豐線東區役所前站4
號出口步行10分 11:30～21:30LO 無休 約2000
P180輛

（ 薄野 ）

すみびやきじんぎすかん ぽっけ

炭火焼ジンギスカン ポッケ

自製醬料醃漬入味的成吉思汗烤肉，以及一年僅出貨300隻，珍貴的北海道赤平產生羔羊等，肉的種類相當豐富。以特製黑芝麻醬料帶出鮮甜滋味的鹽味成吉思汗烤肉也很有人氣。吃喝到飽全餐90分鐘3500日圓。

☎011-596-8929 ᴹᴬᴾ附錄正面②D6
🏠札幌市中央区南3西3三都ビル3F🚇地下鐵南北線薄野站1號出口即到🕐17:00～翌2:30LO（肉類用完打烊）🈚無休🪑50 🅿無

1 一份即可品嘗到數種部位的澳洲產生羔羊肉790日圓 2 有時一開門就會客滿 3 最後就用北海道產羊肉咖哩410日圓收尾吧

1 使用特製黑芝麻醬料的鹽味成吉思汗烤肉650日圓 2 醃漬成吉思汗烤肉650日圓 3 座位都有排煙設備，不用擔心一身油煙味

（ 薄野 ）

さっぽろじんぎすかん しろくま さっぽろほんてん

札幌成吉思汗 しろくま 札幌本店

店家從位於白糠的茶路綿羊牧場直接進貨，可品嘗到珍貴的北海道產羊肉。另外還有冰島產羔羊肉1140日圓及澳洲產羊肉640日圓等嚴選肉類。也千萬別錯過以成吉思汗烤肉鍋燒烤的北海道名產，鹽烤內臟380日圓。

☎011-552-4690 ᴹᴬᴾ附錄正面②D7
🏠札幌市中央区南6西3ジョイフル札幌ビル1F🚇地下鐵東豐線豐水薄野站7號出口步行2分🕐18:00～翌1:00LO（週四～週六為～翌1:30LO）🈚週日、假日🪑22 🅿無

GOURMET GUIDE

在札幌掀起熱潮的美食！
時髦地享用野味料理

野味是指以狩獵取得的野生鳥獸。能品嘗可口野味料理的餐廳正急速增加中！
特別是高蛋白質、低熱量的蝦夷鹿肉更是目前備受矚目的健康食材。

COMMENTED BY 竹島繪美子 EDITOR

札幌站周邊

かまらーど さっぽろ

CAMARADE SAPPORO

於自家工房加工北海道野味
帶來極致美味的加工肉品

於十勝豐頃町設有實驗室的ELEZO股份有限公司開設的餐廳。員工全都是廚師，並持有狩獵執照，從生產、狩獵到解體及加工肉品的製造、調理、販售，一手包辦。每天的菜單會根據肉的到貨狀況而有不同。

☎011-215-1180
MAP 附錄正面②D3 ▲札幌市中央区北3条西2-8さっけんビル1F ♥JR札幌站步行3分
🕐11:30～14:00、17:30～22:00 LO 🈺週日、週一 📮20 🅿無

SHOP DATA

1 無菜單全餐5000日圓的加工肉品拼盤（2人份）2 店內點綴著鹿造型的裝飾 3 店內也有販售義式臘腸及香腸等加工肉品，並提供宅配購買服務

1 店內採充滿臨場感的開放式廚房設計 2 頂級烤蝦夷鹿肉3348日圓與鵝肝漢堡1836日圓

薄野

くろしま
黑島

位於札幌美居酒店（→P133）的地下層，走低調路線。獨創菜色結合了北海道產食材與法國料理技法，展現出黑島主廚的感性，而且能品嘗到蝦夷鹿肉。全餐需最晚2天前預約。

☎011-530-9640 MAP附錄正面②D6
🏠中央区南4条西2丁目レコルト札幌地下1F 🚇地下鐵南北線薄野站3號出口即到 ⏰18:00～翌0:00
休週日、假日 座30 P無

薄野

びすとらんて ゔぃれくーる
bistrante Vraicoeur

使用乾式熟成的蝦夷鹿肉烹調出創意法國料理。熟成3週以上的肉濃縮了鮮甜滋味，肉質也十分軟嫩。品嘗熟成肉的全餐為5000日圓～。

☎011-252-0033 MAP附錄正面②D6
🏠札幌市中央区南3西3克美ビル地下1F 🚇地下鐵南北線薄野站1號出口即到
⏰18:00～翌0:00LO 休不定休 座40 P無

1 烤熟成蝦夷鹿肉1980日圓口感軟嫩，滋味高雅 2 裝潢摩登穩重，店內也有包廂

1 深而寬敞的店內空間 2 野味串拼盤（3支）842日圓

薄野

つきのわりょうりてん
ツキノワ料理店

除了蝦夷鹿及鴨肉等北海道各地的野味外，還有使用北海道產新鮮蔬菜的各式菜色。店內也備有精釀啤酒及北海道產葡萄酒等種類豐富的飲料。

☎011-241-3189 MAP附錄正面②E6
🏠札幌市中央区南4西1No.5ミカエルビル1F 🚇地下鐵東豐線豐水薄野站1號出口即到
⏰18:00～翌0:30LO 休週一（逢假日則翌日休）座40 P無

GOURMET GUIDE

在小酒館&酒吧品嘗
以在地食材烹煮的美味料理

不論肉、海鮮或蔬菜全都是北海道產。搭配料理的啤酒及葡萄酒也都來自北海道。
札幌現在有越來越多小酒館&酒吧可以品嘗到在地美食與美酒。

COMMENTED BY 深森あんず WRITER

(大通公園周邊)

やまねこばる
山猫バル

在酒吧也能輕鬆享用以北海道食材製作的料理。店家使用的肉及海鮮，用烤、燉煮等方式變化出豐富多樣的菜色，分量也沒話說。著名的角煮豬肉潛艇堡10cm600日圓，以1cm60日圓的方式計價。葡萄酒一杯530日圓～。

☎011-206-0566 MAP 附錄正面②D4
🏠札幌市中央区北1西2-11-1第23京ビル1F ♨地下鐵大通站31號出口即到 ⏰11:30～14:30LO、17:00～翌0:30LO（週六、週日、假日僅有晚餐時段）🈺不定休 🪑35 Ⓟ無

1 繽紛炸薯塊580日圓 2 店家位於時計台後方 3 店內氣氛十分悠閒 4 北海道產蝦夷鹿肉排1980日圓

1 熱騰騰馬賽魚湯1680日圓（前），蝦夷鹿與奢華鵝肝醬1420日圓（後）2 店內分為2個空間 3 鮭魚奶油派980日圓

(薄野)

さずーる ばる
saveur bar

札幌知名法國料理餐廳saveur的金田主廚為了讓客人能輕鬆享用料理與葡萄酒所開的酒吧。前菜到魚貝及肉類的主菜種類豐富。葡萄酒一杯600日圓～，可同時喝到不同款葡萄酒的品酒套餐附下酒菜為980日圓。

☎011-211-8064 MAP 附錄正面②D6
🏠札幌市中央区南3西3-5-2都ビル5F ♨地下鐵南北線薄野站1號出口步行2分 ⏰17:30～23:30LO 🈺週日、第1週一（另有不定休）🪑31 Ⓟ無

びすとろ ヴぁん さんく
Bistro 25 vingt cinq

使用位於北海道當別町的自家農園送來的新鮮蔬菜，製作出充滿季節感的法國料理。主廚的無菜單全餐3780日圓可同時品嘗到肉品及魚類，共有7道菜，非常超值。

☎011-596-8725
🗺附錄正面②C6 🏠札幌市中央区南2西5ロジェ札幌1F 🚇地下鐵南北線大通站3號出口步行5分
💰開桌費324日圓（附開胃小菜）
🕐11:30〜14:00LO、17:30〜22:30LO（週日、假日為〜22:00LO）
🈺週三 🪑38 🅿無

1 羅勒醬烤羔羊肉1922日圓（前），蔬菜鮮蝦起司燉飯1058日圓（右） 2 店內掛有自家農園的照片

ほっかいどうさんしゅばー かまだ
北海道産酒BAR かま田

提供北海道產日本酒及葡萄酒、啤酒等300種以上酒類的北海道產酒專門酒吧。食材除了橄欖油以外也全都是北海道產，貫徹講究的風格。

☎011-233-2321
🗺附錄正面②C6 🏠札幌市中央区南4西4MYプラザビル8F 🚇地下鐵南北線薄野站2號出口即到
💰開桌費540日圓（附開胃小菜）
🕐18:00〜翌1:00（週日、假日為〜翌0:00，餐點菜色有限制）🈺不定休 🪑30 🅿無

1 千歲鶴純米吟醸800日圓與生帆立貝薄切片800日圓非常搭 2 店內的氣氛穩重，與老闆聊天也是樂趣之一

わいん ばー だいにんぐ こむりえ
WINE BAR DINING Commelier

嚴選葡萄酒一杯548日圓〜，喝起來沒有負擔。也可以試著挑戰品嘗2種葡萄酒並猜出等級的葡萄酒組合1620日圓〜。

☎011-290-7726
🗺附錄正面②D6 🏠札幌市中央区南3西3-8克美ビル3F 🚇地下鐵南北線薄野站1號出口即到
💰開桌費648日圓（附下酒菜）
🕐18:00〜翌1:00LO（料理為〜翌0:00LO。週五、週六為〜翌2:00，料理LO相同）🈺週日、假日 🪑37 🅿無

1 店內有10種以上的北海道葡萄酒，一瓶3000日圓〜。 2 除了吧檯座外也有包廂

GOURMET GUIDE

喝完酒後以聖代做收尾 !?
在女生專屬的夜晚咖啡廳度過甜美幸福時光

喝完酒以後還有另一個胃可以裝美味的甜點♥
札幌女生晚上不為人知的樂趣，「結尾聖代」會讓人愛上喔。

COMMENTED BY 深森あんず WRITER

薄野

すいーつばー めるてぃ
スイーツバー Melty

客製化聖代
讓人忍不住猛拍照片!

這裡不但有裝飾可客製化的聖代，也可同時享受喝酒的樂趣。點餐方式是自行用放在桌上的點餐單挑選喜歡的冰淇淋及配料、利口酒等。包括開桌費、飲料的套餐為2000日圓。

SHOP DATA

☎011-522-5755 MAP 附錄正面②C6 ☗札幌市中央区南4西5-8 F-45ビル9F ‼地下鐵南北線薄野站2號出口即到 🕒18:00～翌5:30LO 休無休 席21 P無

1 莓果凍搭配覆盆子冰沙與草莓起司蛋糕義式冰淇淋的組合 2 也有甜甜圈套餐1500日圓 3 也可以將套餐附的利口酒淋上聖代 4 座椅上放有抱枕，店內裝潢十分活潑

1 1樓除了吧檯座外也有和式座位 2 自製焦糖布丁搭配榛果冰淇淋

薄野

だいにんぐ あんど すいーつしなー
Dining & Sweets sinner

店內裝潢以紅白色為主，走休閒路線的餐飲咖啡廳。焦糖布丁聖代750日圓及巧克力布丁聖代750日圓等原創聖代很有人氣。

☎011-241-3947 MAP附錄正面②E6
🏠札幌市中央区南4西1 🚇地下鐵東豐線豐水薄野站1號出口即到 🕐15:00～23:00LO（飲料為23:30LO，週六為12:00～）週日、假日12:00～21:00LO（飲料為～21:30LO）🈺無休 🪑約30 🅿無

薄野

かふぇ はーと どろっぷす
café heart drops

進入店內須脫鞋，讓人在放鬆的氣氛下享用甜點。可以挑選一種冰淇淋搭配三種配料的heart drop聖代是最有人氣的一款。

☎011-232-0878 MAP附錄正面②C6
🏠札幌市中央区南4西5つむぎビル3F 🚇地下鐵南北線薄野站3號出口步行2分 🕐17:00～翌0:00LO 🈺週四、假日（逢週五・週六則營業）🪑16 🅿無

1 聖代套餐附飲料1230日圓。加100日圓可將飲料換為酒類 2 大紅色牆壁讓人印象深刻

1 店內呈現童話空間般的風格 2 有冰淇淋與2種利口酒，並附可麗餅、咖啡等的A套餐銀1390日圓

薄野

あいすくりーむばー ほっかいどう みるくむら
アイスクリームBar HOKKAIDO ミルク村

可從130種以上的酒類中挑選自己喜歡的淋在冰淇淋上享用。也推薦和朋友選擇不同款利口酒交換著吃。冰淇淋可以免費續一次。

☎011-219-6455 MAP附錄正面②D6
🏠札幌市中央区南4西3-7-1ニュー北星ビル6F 🚇地下鐵南北線薄野站1號出口即到 🕐13:00～23:00LO（週三為17:00～）🈺週一 🪑46 🅿無

在潮男潮女最愛的
私房名店度過成熟的時光

南北向流過札幌的創成川東側至豐平川一帶，出現了越來越多的時髦店鋪。
造訪這個被稱為 "創成川EAST" 的區域，來場美味的邂逅吧。

COMMENTED BY 竹島繪美子 EDITOR

びすとろら まるみっと
Bistrot La Marmite

店家一樓為札幌軟石建築，二樓為紅磚砌成，風格獨特。提供鵝肝料理搭配法式火鍋等餐點的無菜單全餐3500日圓，以及自製麵包搭配2道菜的petit無菜單等2種餐點，能一面與主廚聊天，一面享用創意法國料理。

☎080-6090-1820 MAP附錄正面②E5
🏠札幌市中央区南2条1-1-6M's2条横丁1F內 🚇地下鐵東西線バスセンター前站1號出口步行3分 🕐18:00～翌0:00(週日、假日為17:00～22:00) 🈡第2週日 座13 🅿無

1 petit無菜單2500日圓有機會吃到阿寒湖產螯蝦 2 吧檯座充滿臨場感 3 改裝舊石造倉庫而成的店內空間

1 香蒜辣蝦（附麵包）650日圓 2 店家位於二条市場拱廊街的對面 3 焗烤西班牙海鮮燉飯850日圓

すぺいんばる ろめお
SPAINBAR ROMEO

散發正統西班牙風情的成熟酒吧。除了香蒜辣蝦及雞白肝慕斯550日圓等經典小菜外，還有各樣關東煮及中札內黑毛豆等居酒屋風料理。店內不收開桌費，能輕鬆入店消費。

☎011-207-2828 MAP附錄正面②E5
🏠札幌市中央区南2条東1-1M'sEast1F 🚇地下鐵東西線バスセンター前站1號出口步行3分 🕐17:00～23:00LO(週五、假六為～翌1:00LO) 🈡不定休 座22 🅿無

かぶり かぶり
Capri Capri

使用北海道產的當令食材細心製作，夏季還會推出使用自家菜園現採蔬菜做成的料理。以留萌產義大利麵專用RuRu Rosso小麥粉製作的手擀義大利麵嚼勁適中，口感Q彈。午餐全餐1700日圓～。

☎011-222-5656　MAP 附錄正面②E5
🏠札幌市中央区南1東2-13 🚇地下鐵東西線バスセンター前站4號出口即到 🕐17:30～23:00（週日、假日為～22:00，週六、週日、假日12:00～15:00也有營業）休週三、第2週二席25 P無

1 啤酒分量分為普通700日圓～、小杯550日圓～2種 2 店家位於二条市場旁的大樓2F 3 最適合搭配啤酒的炸魚薯條1050日圓

1 炭火烤足寄町石田綿羊牧場羔羊肉3200日圓 2 焗炒洋蔥與自製義式羊肉培根的蕃茄義大利麵1520日圓 3 店內裝潢以黑色系為主

びあ ばー のーす あいらんど
Beer Bar NORTH ISLAND

來自札幌的精釀啤酒廠直營的啤酒吧。由曾經在加拿大學習啤酒釀造的釀酒師參與製作，使用江別產小麥釀造的小麥啤酒等6款啤酒，以及期間限定啤酒與其他北海道Guest beer等，店內隨時提供8種桶裝生啤酒。

☎011-303-7558　MAP 附錄正面②E5
🏠札幌市中央区南2東1-1-6M's二条横丁2F 🚇地下鐵東西線バスセンター前站1號出口步行3分 🕐18:00～翌0:00 休週一 席18 P無

(創成川周邊)

りとるじゅーす ばー さっぽろほんてん

LITTLE JUICE BAR 札幌本店

由蔬菜品嘗師打造的
新鮮果汁專賣店

將屋齡130年用札幌軟石建造的石造倉庫改裝而成的店
鋪。每天提供從近50款食譜中所挑選出的8種不同飲
品，讓顧客以輕鬆美味的方式攝取營養豐富的當令
蔬果。將日高產すずあかね草莓冷凍後削成薄片，再
加上北海道產煉乳慕斯的草莓薄片是店
內的人氣商品。

☎011-213-5616　MAP附錄正面②F6
🏠札幌市中央区南4条東3丁目11-1 🚶地下
鐵東西線バスセンター前站4號出口步行5分
🕐11:00〜20:00(10〜3月為〜19:00) 休週
三 ⑱18 P無

SHOP DATA

1 石造倉庫特有的涼
爽氣息十分舒適 2
使用6種莓果的綜合
莓果汁459日圓(S)
與草莓薄片500日圓
3 橘色門簾與古老的
建築相映成趣

HAVE A NICE TIME

1 冷壓的頂級原汁為100%果汁，口感濃郁

2 夏季時，甚至開店前就會出現等著購買草莓薄片的人潮

3 2樓空間寬敞，還設有沙發座，能在此悠閒地放鬆

4 顧客點餐後才開始製作，每一杯都是新鮮現打

GOURMET GUIDE

大家的最愛♥
六花亭 札幌本店的幸福午茶時光

北海道甜點的代名詞——六花亭，札幌本店終於開幕了！
在咖啡廳盡情享用限定甜點後，還可以順道去商店及藝廊逛逛。

COMMENTED BY 竹島繪美子 EDITOR

1 位於JR札幌站附近的10層大樓 2 奶油冰淇淋三明治200日圓為札幌本店與帶廣本店限定 3 咖啡廳店內放有與包裝相同圖案的抱枕 4 附草莓果醬、奶油太妃糖醬、脆餅等佐料的六花之森優格350日圓也是札幌本店限定

札幌站周邊

ろっかてい さっぽろほんてん

六花亭 札幌本店

代表北海道的老字號品牌
札幌本店2F為咖啡廳

六花亭的前身為昭和8年（1933）從札幌千秋庵分出的帶廣千秋庵。2015年7月開幕的札幌本店大樓除了咖啡廳、商店外，還有餐廳及藝廊、展演廳等。咖啡廳能品嘗到獨家甜點，另外也設置了可現場享用外帶餐點的內用空間。

（本店DATA）
☎0120-12-6666 MAP附錄正面②B3
🏠札幌市中央区北4西6-3-3 🚃JR札幌站步行3分 🅿無
（咖啡廳DATA）
🕐10:30～17:30LO（有季節性變動）休無休 席約70

SHOP DATA

在 1F 商店挑選伴手禮

除了六花亭的人氣商品及季節限定點心外，這裡還買得到設計花朵圖案包裝的坂本直行所創作的插畫原創商品。可以一面隔著玻璃落地窗欣賞中庭景色一面購物。

🕐10:00～20:00（有季節性變動）
休無休

1 商店空間寬敞，可悠閒自在地選購商品 2 紀念札幌本店開幕新推出的畑の大地 ひろびろ（右）、花の大地 ひろびろ（左）各110日圓 3 經典人氣商品草莓白巧克力650日圓 4 六花之森優格1個200日圓

別忘了看看 5F 的 Gallery 柏

這裡展示了六花亭包裝紙設計者坂本直行自昭和32年（1957）起，52年間累積的114本素描本畫作其中的22本。另外也看得到包裝紙上的花朵圖樣的原畫。展示內容會根據企劃而有不同。

💰免費 🕐10:00～19:00（舉辦音樂會、活動時會有特定時段無法入場）休無休

1 藝廊中央有報紙與包裝紙製作成的裝置藝術品 2 這裡展示了歷代包裝紙的原畫

GOURMET GUIDE

使用剛擠出的鮮乳製作而成
濃郁的牛奶甜點讓人食指大動！

用酪農王國北海道自豪的牛奶做成鮮奶油及起司等，
牛奶風味與溫和甜味讓以乳製品為主角的甜點深受喜愛。

COMMENTED BY 深森あんず WRITER

Snow Royal
草莓聖代
1140日圓

草莓醬的酸味襯托出了Snow Royal冰淇淋的濃厚牛奶味

生牛奶糖
香蕉聖代
1430日圓

傳統的香草冰淇淋與融於口中的生牛奶糖、香蕉搭配而成

醬油冰淇淋
紅豆聖代
500日圓（S尺寸）

綿密滑順的霜淇淋上淋有滿滿的醬油糰子風醬汁

煉乳草莓鬆餅
980日圓

草莓搭配煉乳的經典鬆餅。使用100%北海道產小麥的鬆餅共有10種口味

四葉
白色聖代
760日圓

大量使用了自豪的四葉霜淇淋，製作出簡單的純白聖代

(札幌站周邊) ────── A

ゆきじるしぱーらー さっぽろほんてん
雪印パーラー 札幌本店

創立於昭和36年（1961）的老店。使用北海道產牛奶，以傳統製法製作的濃郁冰淇淋及約20種的聖代。

☎011-251-3181 MAP 附錄正面②C3
🏠札幌市中央区北3西3-1 ‖札幌站前通地下步行空間1號出口即到
🕐10:00～20:30LO（商店為9:00～21:00）休無休 座90 P無

(札幌站) ────── B

みるくあんどぱふぇ よつばほわいとこーじ さっぽろぱせおてん
ミルク&パフェ よつ葉White Cosy 札幌Paseo店

能品嘗四葉乳業的鮮乳及乳製品的直營咖啡廳。聖代共有15種口味，使用的是濃郁但後勁清爽的霜淇淋。

☎011-213-5261 MAP 附錄正面②C2
🏠札幌市北区北6西2バセオウエスト地下1F ‖直通JR札幌站
🕐11:00～21:30LO 休比照Paseo
座77 P有契約停車場

(大通公園周邊) ────── C

おたるあまとう さっぽろおおどおりてん
小樽あまとう 札幌大通店

昭和4年（1929）創業的小樽西點老店。在札幌也吃得到販售50年以上仍深受顧客喜愛的冰淇淋紅豆聖代等。

☎011-233-1777 MAP 附錄正面②C5
🏠札幌市中央区大通西3大通ビッセ1F ‖直通札幌站前通地下步行空間
🕐10:00～20:00 休無休 座共有90
P無

武士布丁
1個520日圓
以獨特製法做成的焦糖帶有微苦味，襯托出了卡士達布丁的甜味

現烤起司塔
1個183日圓
6個裝1080日圓
能品嘗到濃郁起司味與酥脆的塔皮口感。現烤的滋味一定不可錯過

4種起司蛋糕組合
1500日圓
可以一次吃到酸奶油、紐約、古岡左拉、埃德姆等4種人氣起司蛋糕

武士瑞士捲
1條1380日圓
將滑順的鮮奶油捲入摻有微苦焦糖的蛋糕所製作出的瑞士捲

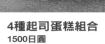

薄野　　D

ぷりんほんぽ すすきののてん
プリン本舗 薄野店

使用牧場直送的牛乳與契約農場的雞蛋等嚴選素材製作的「武士布丁」是人氣商品。也買得到瑞士捲等甜點。

☎011-520-2082 MAP 附錄正面②D6
🏠札幌市中央区南4西3第3グリーンビル1F ‼地下鐵南北線薄野站3號出口即到 🕐17:00～翌2:00（週日為～24:00）🈺不定休 💺無 🅿無

大通公園周邊　　E

きのとや べいくぽーるたうんてん
KINOTOYA BAKE
北極城店

現烤起司塔專賣店現身札幌地下街北極城。店內設有用餐區，並提供咖啡194日圓等飲料。

☎0120-24-6161 MAP 附錄正面②D6
🏠札幌市中央区南2西3さっぽろ地下街ポールタウン内 ‼直通地下鐵大通站 🕐10:00～22:00 🈺無休 💺6 🅿無

圓山　　F

ちーずけーきせんもんてん ぶおーのぶおーの
チーズケーキ専門店
Buono Buono

提供多達15種以嚴選起司製作的蛋糕，也有使用當令水果的季節限定款式。設有咖啡廳，可靜下心來悠閒享用蛋糕。

☎011-552-5833 MAP 附錄正面①B3
🏠札幌市中央区南6西24-1-18Y's南円山1F ‼地下鐵東西線圓山公園站4號出口步行8分 🕐10:00～19:00（咖啡廳為～18:00LO）🈺無休 💺13 🅿共用7輛

GOURMET GUIDE

酪農王國的鬆餅
就是不一樣！

正因為簡單，所以素材的優劣更是鬆餅美味與否的關鍵。北海道鬆餅的美味自然也不在話下。
先吃一口鬆餅，第二口再配著奶油或水果一起送入口中。趕快來品嘗北海道鬆餅吧♪

COMMENTED BY 竹島繪美子 EDITOR

（圓山）

まるやまぱんけーき

円山ぱんけーき

即使排隊也想吃到的
鬆軟鬆餅

雖然離札幌市中心有一段距離，仍然是必須排隊的
人氣鬆餅專賣店。鬆餅麵糊加入了里考塔起司，帶
來舒芙蕾般的鬆軟口感。店家以來自北海道的鬆餅
為概念，使用北海道產麵粉及乳製品。也吃得到搭
配火腿及蔬菜沙拉的鬆餅1500日圓。

SHOP DATA

☎011-533-2233 MAP 附錄正面①B3
🏠札幌市中央区南4西18-2-19プリランテ南
円山1F 🚃地下鐵東西線西18丁目站2號出
口步行7分 🕐11:00～18:30LO（麵糊用完
打烊）🈺週三 🈂27 🅿4輛

1 天使鬆餅1500日圓
附飲料 2 鬆餅需要
近20分鐘時間製
作，建議多預留一些
時間來享用 3 店內
也有能悠閒休息的沙
發座

1 可順道去位於大樓1F的商店挑選伴手禮 2 搭配4種莓果醬的莓果熱鬆餅1080日圓

大通公園周邊

いしや かふぇ
ISHIYA CAFÉ

由生產白色戀人而聞名的札幌甜點製造商「石屋製菓」經營的自助式咖啡廳。鬆餅一片厚達3.5cm，分量驚人。除了巧克力鬆餅1080日圓外，這裡也吃得到獨家甜點。

☎011-231-1487 MAP附錄正面②C5
🏠札幌市中央区大通西4-6-1札幌大通西4ビル地下2F ‼直通札幌站前通地下步行空間 🕐8:00～22:00(可能會有更動) 休無休 席61 P無

大通公園周邊

ふるーつけーき ふぁくとりー そうほんてん
フルーツケーキ ファクトリー 総本店

在札幌市內有11家店鋪的水果塔專賣店本店。除了使用大量水果的蛋糕及塔類外，還提供內用限定的鬆餅。可搭配滿滿的鮮奶油一起品嘗。

☎011-251-0311 MAP附錄正面②C5
🏠札幌市中央区南1西4 ‼地下鐵大通站10號出口即到 🕐10:30～21:00 休無休 席約100 P無

1 草莓鬆餅780日圓。搭配飲料的套餐為880日圓 2 只有總本店吃得到鬆餅

1 有特調咖啡、拿鐵等飲料可挑選的飲料套餐250日圓～ 2 焦糖蘋果德式鐵鍋鬆餅700日圓

大通公園周邊

もりのまかふぇ さっぽろてん
森の間カフェ 札幌店

位於IKEUCHI GATE內的咖啡廳。將鬆餅麵糊倒入鐵製平底鍋，再以烤箱慢火烘烤的德式鐵鍋鬆餅很有人氣。除了原味600日圓外，還有香蕉巧克力700日圓等豐富口味。

☎011-281-6617 MAP附錄正面②D5
🏠札幌市中央区南1西2-18IKEUCHI GATE4F
‼地下鐵大通站18號出口即到 🕐10:00～20:00 休比照IKEUCHI GATE 席40 P無

引起話題的熱門咖啡店
來一杯BARISTART COFFEE精心製作的拿鐵

讓人感覺有如身處異國街頭的咖啡小舖。

外帶一杯咖啡師製作的正統拿鐵去外面散個步吧♪

COMMENTED BY　今福直子　EDITOR

（　大通公園周邊　）

ばりすたーとこーひー

BARISTART COFFEE

除了咖啡本身
連拿鐵的牛奶也很講究

濃縮咖啡加上北海道十勝加藤牧場的澤西牛乳，BARISTART拿鐵（Ｓ）650日圓、（Ｍ）700日圓深受好評。咖啡可以選擇苦味適中的阿拉比卡調和豆或口感厚實的羅布斯塔調和豆。使用北海道當季鮮乳製作的拿鐵為（Ｓ）500日圓，（Ｍ）550日圓。

SHOP DATA

1 2015年6月開幕。雖然以外帶為主，但也可以在店內站著喝
2 玻璃瓶裝的澤西牛奶咖啡600日圓僅限店內飲用，數量有限
3 一進門就能看到代表本店的熊圖案

☎011-215-1775　MAP 附錄正面②C5
🏠札幌市中央区南1条西4-81　🚇地下鐵大通站3號出口步行3分　🕘9:00～19:00　🈂週二　🈵僅有站著喝的空間　Ｐ無

HAVE A NICE TIME

1
由曾在拿鐵拉花大賽獲獎的老闆及工作人員做出的拉花

2
餐點可參考店內黑板上的菜單。圖為西班牙三明治300日圓

3
即使是外帶，打開杯蓋也能看到精美的拉花！

4
店名是由BARISTA與ART兩個字所組成，因此店內裝潢也充滿品味

明天早餐就吃麵包吧？
使用北海道產小麥的麵包店激增中！

原本⋯只是想要買咖啡&麵包當簡單的早餐，結果不小心買太多了。
秘密就是講究的麵粉與酵母。大咬一口香氣四溢的現烤麵包。

COMMENTED BY 深森あんず WRITER

(薄野)

ぷーらんじぇりー ぱーむ みなみさんじょうてん

boulangerie Paume 南3条店

店家的理念是使用北海道產小麥製作對身體無負擔的麵包。店內每天提供硬式麵包到鹹麵包等約60種的麵包。以葡萄乾自行培養出的100%自製天然酵母麵包也深受好評。設有內用空間，並提供森彥咖啡420日圓。

☎011-231-0024 MAP 附錄正面②B6
🏠札幌市中央区南3条西7丁目kaku imagination1F 🍴資生館小學校前電車站步行3分 🕐11:00～19:00 🈺週二 🈳4
Ｐ無

1 法國吐司250日圓，可頌180日圓，料多白醬麵包120日圓 2 位於新川的本店一天會送3～4次剛出爐的麵包過來 3 Paume是法文「手掌」的意思

1 竹輪麵包151日圓，酥脆咖哩麵包151日圓，肉桂卷183日圓 2 草莓果醬432日圓，很適合當作伴手禮 3 設有內用空間，飲料210日圓～

(大通公園周邊)

どんぐり おおどおりてん

DONGURI 大通店

店面包括了麵包店與咖啡廳，位於2015年9月開幕的購物中心Le trois內。店內隨時提供150種以上的麵包，讓人目不暇給。尤其是食材皆為手工製作的調理麵包種類十分豐富。這裡的麵包尺寸都不小，價格也很實惠。

☎011-210-5252 MAP 附錄正面②D5
🏠札幌市中央区大通西1-13ル・トロワ1F 🍴直通地下鐵大通站24號出口 🕐10:00～21:00 🈺無休 🈳36 Ｐ無

(大通公園周邊)

じむぎさんどいっちこうぼう れもんべーかりー

地麦サンドイッチ工房 れもんベーカリー

位於百貨公司地下層的三明治專賣店，販賣鹹食類到甜點類等各式各樣的三明治。厚實的吐司是混合了ゆめちから及春よ恋等數種北海道產小麥所製成。

☎011-205-2175
MAP 附錄正面②D5　🏠札幌市中央区南1西2丸井今井札幌本店內大通館地下1F　🚃直通地下鐵大通站　🕙10:00～20:00　🈺比照丸井今井札幌本店　🅿有

1 綜合水果三明治319日圓，火腿蔬菜三明治268日圓 2 店頭販賣的三明治都是在後方廚房現做的

(札幌站周邊)

ぶーらんじぇりー ころん あかれんが てらすてん

boulangerie coron 紅磚露臺店

使用100%北海道產小麥，並以低溫長時間發酵法製作，將小麥原有的美味與風味發揮到最大程度。店內以硬式麵包為主，提供約50種麵包，也有販賣北海道產葡萄酒及起司。

☎011-211-8811
MAP 附錄正面②C4　🏠札幌市中央区北2西4-1赤れんが テラス1F　🚃直通札幌站前通地下步行空間　🕙8:00～20:00　🈺比照紅磚露臺　🅿無

1 店內寬敞開闊 2 紅磚露臺店限定的十勝紅豆奶油麵包216日圓，法式鄉村麵包 北海道產玉米247日圓

(薄野周邊)

しげぱん

しげぱん

每款商品的命名都用到了發明者的名字，獨特的麵包深受好評。也可以用意見表提出自己的點子。麵包總共約150種，店內則隨時提供約50種剛出爐的麵包。

☎011-300-6789
MAP 附錄正面①B3　🏠札幌市中央区南4西13-1-11エステイツ南4条1F　🚃地下鐵東西線西11丁目站步行7分　🕙9:00～20:00（麵包烤好後開門）　🈺週三　🅿無

1 阿昭可頌三明治280日圓，佑治羅勒醬麵包190日圓，かまやつ法式烤三明治150日圓 2 店面位於西屯田通り旁

度過一段優質時光
探訪高品味的SPACE1-15

SPACE1-15約有20間店鋪及工作室，位於札幌近郊住宅區的公寓「シャトー・ル・レェーヴ」。
在週末午後按下門鈴，近距離接觸充滿個性的各式作品吧。

COMMENTED BY 今福直子 EDITOR

1 書衣附書籤1600日圓 2 可以用來裝護照的貴重品小肩背包3800日圓 3 下層的拉鍊化妝包1500日圓～ 4 包布扣髮圈500日圓

1 印花布料1公尺3200日圓～ 2 以獨家布料做成的布包扣1組400日圓～ 3 有如手工刺繡般細膩且帶有暖意的手帕各1800日圓

(207號房)

ゆらりか
yurarika

同時是縫紉教室與手工布雜貨店。選用適合成年人的花色與圖案，以此布料做出的原創小物充滿創意，而且用起來十分便利。

☎011-215-9385
MAP 附錄正面①B3
🏠札幌市中央区南1西15-1-319 シャトー・ル・レェーヴ207 🚇地下鐵東西線西18丁目站步行5分 🕐13:00～18:00 🈳週一～週三 🅿無

(306號房)

てんとせんもようせいさくじょ
点と線模様製作所

使用以北國風景為意象所設計的刺繡與印花布製作成手帕及小物，並在店內販賣。約有20種布料，50公分見方的剪裁布料864日圓～。

☎011-215-6627
MAP 附錄正面①B3
🏠札幌市中央区南1西15-1-319 シャトー・ル・レェーヴ306 🚇地下鐵東西線西18丁目站步行5分 🕐12:00～18:00 🈳週一～週三 🅿無

1 ONOENOTE210x130mm為10000日圓，140x170mm為14000日圓。也很適用於送禮 2 手工製作的袖珍筆記本各350日圓。雖然小小一本，但同樣使用了真皮

（ 407號房 ）

りた一と

LitArt

村木小姐曾在義大利佛羅倫斯學習書本裝幀技術。原創的ONOE NOTE從選紙到縫紉等，每一裝幀步驟都很用心，是使用真皮的獨一無二製品。可以在上面寫下每天的生活點滴，打造出串連起自己人生的一本書。

☎無 ᴍᴀᴘ附錄正面①B3
🏠札幌市中央区南1西15-1-319 シャトー・ル・レェーヴ407 🚶地下鐵東西線西18丁目站步行5分 🕐12:00～18:00 休週一～週三 P無

（ 402號房 ）

すの一 ぷろっさむず

Snow blossoms

製作、販賣使用天然石及復古玻璃等講究素材的首飾。將北海道大自然的啟發，透過作品表現出來，讓每件首飾都充滿了故事。店內隨時陳設約100件飾品。

☎011-213-9687
ᴍᴀᴘ附錄正面①B3
🏠札幌市中央区南1西15-1-319 シャトー・ル・レェーヴ402 🚶地下鐵東西線西18丁目站步行5分 🕐13:00～18:00 休週日～週三 P無

1 復古玻璃項鍊18200日圓（前） 2 右為藍晶石手鍊2200日圓，左為海藍寶石手鍊3200日圓 3 戒指6200日圓

1 利用舊手錶齒輪做成的耳環，3個齒輪的款式1對4200日圓，4個齒輪的款式1對4400日圓 2 袖珍書本耳環1對2700日圓～

（ 303號房 ）

しょこ・さんまるさん

書庫・303

北海道內第一個展示、販賣創作者的作品，並在架上擺滿書本，讓人靜下心來的空間。老闆挑選的書種類五花八門，也可以挑本喜歡的書，坐下來一面喝咖啡550日圓一面看。

☎無 ᴍᴀᴘ附錄正面①B3
🏠札幌市中央区南1西15-1-319 シャトー・ル・レェーヴ303 🚶地下鐵東西線西18丁目站步行5分 🕐13:00～18:30前後 休週一～週五 P無

BEST OF★北海道
在車站周邊商店搜尋知名美食伴手禮

來到物產豐饒的北海道，自然不能錯過美食伴手禮。
在車站周邊的商店就能輕鬆買到精選的北海道各地伴手禮。

COMMENTED BY 深森あんず WRITER

彩色北海道蔬菜
米義大利麵（螺旋麵）
150g　401日圓

旭川產米粉混合南瓜、紅蘿蔔、蕃茄等5種蔬菜製成的義大利麵

LE CONFITURE
鹽味奶油抹醬
125g　720日圓

以北海道產牛乳做成的滑順奶油抹醬，法國產的鹽襯托出牛奶風味

北海道蔬菜
花林糖
105g　238日圓

可品嘗到北海道產馬鈴薯、南瓜、菠菜、紅蘿蔔等4種口味

北海道水果穀片
110g　594日圓

余市的Rita農場的糙米加上黑大豆、冷凍乾燥蘋果果乾做成的穀片

肉桂甜甜圈
6個裝　519日圓

夕張老店うさぎや的名產。包有紅豆泥的炸甜甜圈上灑滿了肉桂糖粉

(大通公園周邊)

どうさんしょくひんせれくとしょっぷ きたきっちん おーろらうんてん
道産食品セレクトショップ
きたキッチン 極光城店

以「送上北海道的美味」為概念，除了集結北海道各地的水產加工品及乳製品、調味料外，還買得到甜點及麵包。

☎011-205-2145（專線） MAP 附錄正面②D5
🏠札幌市中央区大通西2さっぽろ地下街オーロラタウン内 🚃直通地下鐵大通站 🕙10:00～20:00 休不定休（比照札幌地下街） P有（購物2000日圓以上可免費停車2小時）

北海道洋蔥口味
沙拉醬
200ml　702日圓

使用大量北海道產洋蔥，以醬油為基底的沙拉醬，是店內熱銷商品

近海食品
炭烤秋刀魚丼
1.5片　270日圓

以炭火燒烤北海道產秋刀魚再裹上醬汁。隔水加熱或用微波爐加熱就能輕鬆品嘗

ロバ菓子司
蒸豆沙饅頭
1個　115日圓

紅豆泥用的是北海道產紅豆，外皮則使用了沖繩產黑糖。芳香滋味十分誘人

蜂蜜棒
3種裝
6g6條　497日圓

有金合歡、三葉草、菩提樹蜂蜜。棒狀包裝方便使用

醃漬
インカのめざめ
馬鈴薯
100g　648日圓

以葡萄酒醋等醃漬北海道產インカのめざめ馬鈴薯

白熊
奶油煎餅
12片裝　411日圓

微甜奶油味十分可口，吃起來口感爽脆。有2種包裝

マエダ企画
くにを辣漬鮭魚
250g　1080日圓

以厚實的鮭魚肉取代白菜，手工製作的醃漬物，滋味溫醇的人氣商品

(札幌站)

ほっかいどうどさんこぷらざ さっぽろてん

北海道どさんこプラザ 札幌店

從經典伴手禮到北海道內各地特產，販賣約2000種品項商品的特產直銷商店。也很適合想打發JR等車時間的人來逛。

☎011-213-5053　[MAP] 附錄正面②C2
🏠札幌市中央区北6西4JR札幌駅西コンコース北口
🍴直通JR札幌站　🕐8:30～20:00　🈺無休　🅿無

サンチョビ
50g　702日圓

油漬北海道秋刀魚。與油漬鯷魚一樣，可以用於披薩或義大利麵，搭配涼拌豆腐也很棒

BEST OF★北海道
4大西點品牌的甜點伴手禮

代表北海道的4大西點品牌分別是「六花亭」、「北菓樓」、「ROYCE'」及「石屋製菓」。
在為數眾多的北海道甜點中，挑選這4大品牌的產品準沒錯。

COMMENTED BY 川谷恭平 EDITOR

霜降巧克力雪餅
8片裝　690日圓

微苦的可可餅乾與甜味清爽的白巧克力讓人聯想到冬季的天空

C-CUP 白雪布丁
297日圓

大丸店限定。由戚風蛋糕及起司奶油、牛奶布丁堆疊而成

十勝丸成焦糖牛奶糖
6袋18顆裝　500日圓

牛奶糖內夾有餅乾與大豆，風味豐富而濃郁

葡萄奶油夾心餅乾
5個裝　630日圓

將添加了白巧克力的奢華奶油與葡萄做成夾心餅乾，六花亭的人氣商品

玫瑰之戀（牛奶巧克力夾心）
12片裝　693日圓

帶有薔薇果芬芳香氣的餅乾中間夾著巧克力，口感柔順

妖精之森年輪蛋糕
1個・高度6cm　1694日圓

以獨家烤爐耗時費工地慢火烘烤而成。甜味高雅，口感濕潤

［札幌站］　Ⓐ

ろっかてい さっぽろほんてん
六花亭 札幌本店

日本第一家製造、銷售白巧克力的老牌西點店，提供使用北海道產食材製作的甜點。P60也有介紹。

本店資料為→P60
●直營店
JR札幌站◎六花亭 さっぽろ東急店
☎0120-12-6666 MAP 附錄正面②
D3 JR札幌站◎六花亭 札幌エスタ店
☎0120-12-6666 MAP 附錄正面②C2
大通◎六花亭 丸井今井札幌店
☎0120-12-6666 MAP 附錄正面②D5
大通◎六花亭 札幌三越店
☎0120-12-6666 MAP 附錄正面②D5

［札幌站］　Ⓑ

きたかろう だいまるさっぽろてん
北菓樓 大丸札幌店

本店位於砂川市的點心品牌。產品使用北海道產素材，泡芙等點心及北海道開拓米果410日圓為人氣商品。

☎011-271-7161 MAP 附錄正面②C2
🏠札幌市中央区北5西4-7大丸札幌店地下1F　🚉直通JR札幌站 ⏰10:00～20:00 ❌無休 🅿400輛
●直營店
JR札幌站◎北菓樓 札幌エスタ店
☎011-231-5015 MAP 附錄正面②C3
大通◎北菓樓 丸井今井札幌店
☎011-205-2048 MAP 附錄正面②D5
大通◎北菓樓 札幌三越店
☎011-242-2703 MAP 附錄正面②D5

白年輪蛋糕 TSUMUGI

1盒 1296日圓

蛋糕麵糊中混入了白色
戀人的白巧克力，口感
濕潤的年輪蛋糕

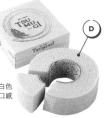

美冬

6個裝 761日圓

以巧克力包住香脆奶油派皮的
千層派，共有3種口味

白色戀人

12片裝 761日圓

貓舌餅乾夾著順口的白巧克
力，熱銷30年以上的北海道
經典伴手禮

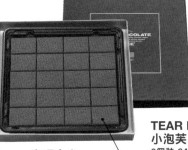

生巧克力 [歐蕾]

20粒裝 778日圓

講究的牛奶巧克力混合了北海
道鮮奶油與提味的洋酒，口味
溫順

TEAR DROP 小泡芙

6個裝 648日圓

混合了卡士達醬與鮮奶油，再包進Q
彈泡芙外皮內。迷你尺寸很好入口
※於札幌大通西4大樓ISHIYA
SHOP、白色戀人公園等販售

巧克力爆米花 [原味]

130g 594日圓

將自製爆米花焦糖化，外面再裹上口
味清爽的巧克力

(札幌站)　Ⓒ

ろいず さっぽろ だいまるてん

ROYCE' 札幌大丸店

自昭和58年（1983）創業以來，
使用全世界的嚴選素材生產經典生
巧克力等充滿原創性的西點。

☎0120-612-451　MAP附錄正面②C2
🏠札幌市中央区北5西4-7大丸札幌店
地下1F　🚉直通JR札幌站　🕐10:00～
20:00　休無休　Ⓟ400輛
●直營店
大通◎ROYCE' 札幌丸井今井店
☎0120-612-450　MAP附錄正面②D5
大通◎ROYCE' 札幌三越店
☎0120-612-489　MAP附錄正面②D5

(札幌站)　Ⓓ

だいまるさっぽろてん いしやしょっぷ

大丸札幌店 イシヤショップ

因昭和51年（1976）發售的「白色
戀人」而讓大家耳熟能詳的老牌點
心製造商。白色戀人公園請見P86。

☎011-828-1483　MAP附錄正面②C2
🏠札幌市中央区北5西4-7大丸札幌店
地下1F　🚉直通JR札幌站　🕐10:00～
20:00　休無休　Ⓟ400輛
●直營店
JR札幌站◎さっぽろ東急百貨店 イシヤシ
ョップ　☎011-212-2308　MAP附錄正
面②D3
JR札幌站◎エスタ大食品街 イシヤショッ
プ　☎011-213-2034　MAP附錄正面②
C3
大通◎札幌大通西6ビル イシヤショップ
☎011-231-1483　MAP附錄正面②C5

巧克力洋芋片 [原味]

190g 778日圓

能同時吃到巧克力的甜與洋
芋片的鹹味。除了原味外還有
焦糖等4種口味

BEST OF★北海道
可以在新千歲機場買到的美味伴手禮

北海道的空中玄關——新千歲機場是日本首屈一指的美食伴手禮天堂。
回程時多留點時間在機場好好享受購物樂趣準沒錯！

COMMENTED BY 深森あんず WRITER

機場限定

ROYCE' & Mon cher
堂島王子瑞士捲
1條 1350日圓

將ROYCE'的巧克力用於「堂
島瑞士捲」的蛋糕與奶油，兩
大品牌合作推出的瑞士捲
（2F Chantilly Mon cher）

siretoco
甜甜圈
戀愛小熊
7個裝 950日圓

甜甜圈加入了獨家調配
的siretoco蜂蜜。可愛
的小熊讓人好心動
（2F siretoco sky
sweets店）

牛奶糖
餅乾
8個裝 960日圓

大量使用北海道產奶油的餅乾
上放著濕潤濃郁的牛奶糖
（2F CARAMEL KITCHEN）

美瑛綜合豆麵包
5個裝 1080日圓

大方地用上了5種美瑛產豆
類。1天1次，每天早上8時過
後便會送上剛出爐的麵包
（2F JAびえい 美瑛選果）

（ 千歲 ）

しんちとせくうこう
新千歲機場

北海道的觀光據點——新千歲機場除了有約180家餐廳、商店
提供北海道的絕品美食及甜點外，還有溫泉及電影院等豐富的
娛樂設施。想找伴手禮的話，可以去出發櫃檯所在的2F的
「Shopping World」。

☎0123-23-0111（機場綜合服務） ❚MAP❚附錄背面⑥E8
🏠千歲市美々 🚃直通JR新千歲空港站 🕕6:20～23:00（因設施而異）
🈺無休 🅿收費3930輛（1小時150日圓）

Shopping World是由「甜點專區」、「北海道特
產品直銷市場」等不同類別的4個區域組成

人氣商品

北海道產
煙燻鮭魚
160g 1350日圓

將北海道產鮭魚煙燻
出芳香氣味，十分有
嚼勁，最適合當成下
酒菜。也有口感較軟
的版本
（2F 北海道きたれ
ん）

生巧克力可頌
1個 270日圓

2015年夏天開幕的ROYCE'麵包店
的人氣商品。可頌外皮內包著滿滿的
生巧克力
（3F Royce' Chocolate World）

北海道
牛奶餅乾
札幌農學校
12片裝 540日圓

可吃到牛奶的溫和滋味
與爽脆口感。北海道大
學所認證的餅乾
（2F きのとや 新千歲機
場店） ※主要的綜合
伴手禮店都有販售

フロマージュ・
ド・エール
つばさ起司
1個 1380日圓

位於興部町的起司工房
「ADONAI」所生產，風
味獨特的水洗式起司
（2F Wine&Cheese 北
海道興農社）

北海道
白巧克力覆盆子餅乾
7片裝 540日圓

以白巧克力裹住酥脆玉米片，
覆盆子也芳香可口
（2F 北海道綜合伴手禮區）
※主要的綜合伴手禮店都有販
售

北の散歩道
櫻桃夾心餅乾
8片裝 648日圓

以使用北海道產小麥、奶油製
成的餅乾與白巧克力，夾住仁
木町產櫻桃的果醬
（2F もりもと）

醬油醃鮭魚卵
110g 六角瓶1440日圓

以機場店獨家醬料醃漬的北海
道產天然鮭魚卵。也有秤重販
賣（2F 佐藤水產 新千歲機
場店）

歐姆起司蛋糕
8個裝 1296日圓

有如半熟歐姆蛋般滑嫩的舒芙
蕾式起司蛋糕。SNAFFLE'S
的招牌商品（2F PASTRY
SNAFFLE'S新千歲機場店）

LOCAL PRODUCTS

如果在北海道的超市或便利商店發現了沒見過的商品，其實有可能是在地人喜愛或深植當地民眾生活的食物。像是萬用調味料「めんみ」就可說是北海道家家戶戶必備的經典味道，只需這瓶，料理的調味都靠它。

另外，也有許多北海道人喜愛的在地點心及飲料等。這些商品在大部分超市或便利商店都買得到，如果想在逛札幌時購買的話，下面介紹到的這3家尤其方便。快來享受探訪北海道特有美食的樂趣吧！

北海道人
喜愛的
在地調味料
めんみ

龜甲萬的「めんみ」是在純釀造醬油及純釀造味醂中，加入北海道產帆立貝、鰹魚柴魚、小魚乾、昆布、鯖魚柴魚的高湯製成的濃縮和露。完美滿足了北海道人的味蕾喜好，是一款深受喜愛的萬用調味料。

推薦「めんみ」食譜

めんみ拌麵

材料（2人份）

烏龍麵
（冷凍細麵）
…2球（400g）

茄子…1條
小黃瓜…1條
秋葵…2條
小蕃茄…4顆
蘘荷…1顆
鹽…少許

作法：
❶將茄子切成小塊，灑上鹽後用手輕揉，然後沖水並確實捏去水分。將小黃瓜切成薄片。秋葵灑上鹽後用手壓著在砧板上來回滾動，再切成1cm寬的小塊。小蕃茄切成4等分。蘘荷切成小塊。

❷烏龍麵煮熟後以冷水沖涼，放進篩子瀝水，然後裝入碗中。加入2大匙めんみ拌勻後裝盤。

❸將❶的蔬菜裝入另一個碗中，加入2小匙めんみ與全部蔬菜均勻攪拌，然後盛至❷。

還有更多在地調味料！

華味拉麵湯頭粉醬油味
混入了蔬菜甘甜味的拉麵湯頭粉末，也可用於一般湯類或炒飯。另外還有鹽味、味噌口味。

成吉思汗醬
以醬油為基底，加入酸味與香辛蔬菜、香料製成的醬料，適合當作烹羊肉及羊肉的沾醬。

伴手禮的另一種好選擇
各種當地人喜愛的在地商品

維他命蜂蜜蛋糕
旭川的高橋製菓於大正10年（1921）發售，是深植北海道人心中的靈魂美食之一。柔順的滋味與牛奶很搭。

SAPPORO CLASSIC啤酒
100%麥芽的北海道限定生啤酒。使用了高級芳香啤酒花，氣味芬芳，喝起來十分清爽。

北海道玉米冰淇淋最中餅
外表像玉米般一粒一粒的最中餅，內含有使用了玉米粉的微甜冰淇淋。

湯咖哩調理包
加入燉煮過的食材就能做出湯咖哩，有泥狀與調理包式。由人氣湯咖哩店札幌らっきょ監製。

ソフトカツゲン乳酸菌飲料
北海道限定販賣的乳酸菌飲料。從前身「カツゲン」開始發售起已超過50年，是一款長青商品。

マルちゃん　炒麵便當
於北海道地區販賣的盒裝炒泡麵。附粉末湯包，可用泡過的熱水沖成中式湯頭。

購買在地商品的好選擇

SHOP DATA

いとーよーかどーすすきのてん
伊藤洋華堂
薄野店

位於薄野的十字路口，方便在觀光途中去逛。也可寄送毛蟹及鮭魚、かねひろ的成吉思汗烤肉至日本全國。

☎011-513-5111 MAP附錄正面② C7 ▲札幌市中央区南4西4-1札幌ラフィラB1F ♥直達地下鐵南北線薄野站4號出口 ●10:00～21:00（可能會有變動）❸1月1日 ₽使用特約停車場（有停車優惠）

とうこうすとあ　さっぽろふぁくとりーてん
東光ストア
SAPPORO Factory店

位於SAPPORO Factory芳堤雅館1F的食品超市。

☎011-207-1093 MAP附錄正面② F4 ▲札幌市中央区北1東4-8-1 ♥地下鐵東西線バスセンター前站8號出口步行5分 ●10:00～23:00 ❸無休 ₽SAPPORO Factory停車場1850輛（有停車優惠）

でぃなーべる　すすきのみなみななじょうてん
Dinner Bell
薄野南7条店

位於薄野外圍，為24小時營業，也可在喝完酒後順便過來。除了食材及酒外，也有種類豐富的小菜。

☎011-531-0622 MAP附錄正面② C8 ▲札幌市中央区南7西6-5-6すきのビル1F ♥東本願寺前電車站即到 ●24小時 ❸無休 ₽無

從展望台眺望360°美景
札幌的地標——電視塔

大通公園是橫貫札幌市中心的都會綠洲。
聳立於大通公園東端的電視塔更是景色絕佳的代表性景點。

COMMENTED BY 竹島繪美子 EDITOR

可以選擇從遠處觀賞或親自登上這座札幌地標

大通公園周邊

札幌電視塔
さっぽろてれびとう

登上展望層
可360度俯瞰札幌市區

札幌電視塔是高度142.7m的鮮紅色鐵塔，自昭和32年（1957）完工以來一直扮演著電視播放的訊號塔角色。從離地90m的展望層可眺望札幌市區。3F的ほほんパーク設有札幌電視塔的吉祥物——電視爸爸的展示區。可上去展望室2次的日・夜共通門票1100日圓也很划算，自售票日起3日內有效。

參觀時間約 60分

☎011-241-1131
[MAP] 附錄正面②D5
🏠札幌市中央区大通西1 🚇地下鐵大通站即到 💰展望台720日圓 🕐9:00～22:00（冬季為9:30～21:30。會因季節、活動而有變動）休不定休 🅿無

電視爸爸的
ほほんパーク

椅子、桌子到垃圾桶全都是「電視爸爸」造型的免費休息空間，還設有拍照留念區及展示區。

PANORAMIC VIEW FROM TV TOWER

①

1 從離地90m的展望層西側眺望大通公園。夏季綠意盎然，秋季則有鮮豔的楓葉，相當迷人

2 被選為日本新三大夜景的札幌夜景。市區璀璨的燈火形成浪漫風景。雪祭或冬季霓彩燈飾時期的景致也非常棒

3 位於展望層東南側的「皮皮窗」，是從天花板延伸到地板的整片玻璃落地窗，能看到正下方的景色

② **③**

SOUVENIR

慵懶可愛！來看看有哪些電視爸爸商品

除了1F入口外，展望台也有伴手禮商店。
怎麼能錯過只有這裡買得到的電視爸爸商品呢！

電視爸爸手機吊飾
金、銀
各432日圓
展望台樓層的商店限定，特別的電視爸爸商品

電視爸爸拉麵
醬油‧味噌各181日圓
與老牌製麵公司菊水的合作商品，使用100％北海道產小麥

電視爸爸燒
紅豆‧奶油各1個140日圓
於地面層的「電視爸爸燒商店」推出！從電視爸爸的頭部大口咬下吧

校園寬廣，許多地方都值得一看！
悠閒漫步北海道大學

雖然大學有種只有學生可以進去的刻板印象，不過北海道大學可不一樣！
保留了許多歷史遺跡的寬廣校園是散步的好所在。

COMMENTED BY 竹島繪美子 EDITOR

從北13条門進入可以看到長約380m的道路兩旁種滿
了銀杏樹

札幌站周邊

ほっかいどうだいがく
北海道大學

參觀時間約
120分

擁有創校140年的悠久歷史
奠定札幌的教育基礎

前身為明治9年（1876）設立的札幌農學校，
在佔地約177萬㎡的廣大校園內，有擔任首任
校長的W.S.克拉克像及明治時代的建築物等
知名景點。建議先在服務中心「エルムの森」
蒐集資訊後再開始逛。校區內雖可自由散步，
但因為是教育機關，參觀時請遵守禮儀。

☎011-716-2111 MAP 附錄正面②A1
🍴札幌市北区北8西5 🚶JR札幌站步行7分 ⓋV自由散步
⏰休因設施而異 🅿無

Start
↓
正門

①

くらーくぞう
克拉克像

大正15年（1926）為紀念創校50周年而建的W.S.克拉克博士半
身像。位於南北向的校內主要道路南端，底座上有克拉克博士的
親筆簽名。

以名言「少年們，要胸懷大志」聞名

② 古河講堂
ふるかわこうどう

明治42年（1909）以古河財閥捐贈政府的資金所興建。採美式維多利亞建築風格，白牆與綠色屋頂十分美麗。目前做為研究室使用，無法入內參觀。

馬薩式屋頂的美式維多利亞建築

③ 北海道大學綜合博物館
ほっかいどうだいがくそうごうはくぶつかん

收藏了昆蟲、恐龍、化石、礦物、礦石、植物及海藻等，多達400萬件的珍貴學術標本。先前因改裝工程閉館中，已於2016年7月重新開放。

博物館所在建築是昭和4年（1929）時興建的舊北海道帝國大學理學部

☎011-706-2658
🕐免費 ●10:00〜16:00（6〜10月為9:30〜16:30）🈺週一（逢假日則翌平日休）

④ 中央食堂
ちゅうおうしょくどう

自助式食堂，能以實惠的價格吃到拉麵及定食。食堂2F還提供了湯咖哩及放上了十勝產牛肉薄片的生牛肉蓋飯等北海道特有的菜色。

1 香辣的雞肉湯咖哩483日圓 2 生牛肉蓋飯（中）565日圓十分有名

☎011-726-4780
🕐1F10:00〜20:00（週六為11:00〜19:00，週日、假日為11:00〜15:00），2F11:00〜14:00 🈺無休（2F為週六、週日、假日）

⑤ 楊樹林道
ぽぷらなみき

高度約30m的67棵楊樹晶立於道路兩側，是北海道大學的代表性景點。最初是從明治36年（1903）進行的小規模植樹，而後逐漸發展成今日樣貌。

長約80m的道路上鋪有木屑，可在此散步

⑥ 札幌農學校第二農場
さっぽろのうがっこうだいにのうじょう

根據克拉克博士的構想於明治9年（1876）設立，是北海道第一座畜產經營的實習農場。農場內有以酪農人家為概念的畜舍與相關設施，內部則展示了當時的農機具。

建築物已被指定為重要文化財及北海道遺產

☎011-706-2658 🕐戶外開放時間8:30〜17:00（全年），室內開放時間10:00〜16:00（4月29〜11月3日）🈺第4週一

Goal

北18条門

Start

① 正門 →步行5分→ 克拉克像 →步行即到→ ② 古河講堂 →步行2分→ ③ 北海道大學綜合博物館 →步行即到→ ④ 中央食堂 →步行5分→ ⑤ 楊樹林道 →步行20分→ ⑥ 札幌農學校第二農場 →步行3分→ 北18条門

在札幌羊之丘展望台
遇見百分百的北海道風景

札幌羊之丘展望台位於距離市區約20分的近郊，在此能飽覽洋溢北海道風情的遼闊景色。
除了參觀克拉克像和拍照留念外，其實這裡還有很多好玩的東西喔。

COMMENTED BY 竹島繪美子 EDITOR

克拉克博士是？

為了養成北海道開拓使官員，於明治9年（1876）從美國赴日擔任札幌農學校校長。他在札幌的期間雖然僅有短短8個月，但在農學教育領導者的崗位上十分活躍

(札幌近郊)

さっぽろひつじがおかてんぼうだい
札幌羊之丘展望台

360度全方位觀賞
壯闊田園風景

這座展望台是在昭和34年（1959）興建於北海道農業試驗場的一角，立有札幌農學校首任校長克拉克博士的銅像，銅像背後則是田園風情的遼闊草原與札幌市街。佔地內除了有雪祭資料館及足湯外，還有能吃到特選羔羊肉成吉思汗烤肉1879日圓的「羊之丘休憩所」與販賣北海道伴手禮的「奧地利館」。

參觀時間約
60分

☎011-851-3080
MAP 附錄正面①C4
🏠札幌市豐平區羊ヶ丘1 🚉札幌站搭乘地下鐵東豐線13分，福住站搭乘北海道中央巴士往羊之丘展望台方向10分，終點下車即到 💰入場520日圓 🕘9:00～17:00（有季節性變動）休無休 🅿100輛

夏天時還有機會看到放牧中的羊群吃草的景象

HOW TO ENJOY "HITSUJIGAOKA"

❶

羊之丘 ほっと足湯

使用日本落葉松等北海道天然木材打造而成。可在欣賞閒適景色的同時消除旅途中的疲憊。泡湯免費

❷

將"胸懷大志的誓言"投入郵筒

克拉克博士銅像的底座設計了一個郵筒，可以在專用紙（需付費）寫下自己的抱負並投入郵筒。羊之丘展望台會妥善保管這張紙

❸

薰衣草花田

羊之丘休憩所後方為白樺樹林，樹林對面有一大片薰衣草花田。每年7月中旬為花季盛開時節

SOUVENIR

一探奧地利館的伴手禮&美食

羊之丘休憩所旁的奧地利館
不僅可以購物、喝咖啡，還有各種外帶美食。🕐休比照展望台

克拉克博士咖啡
濾掛包5包裝　648日圓

口味帶有北海道開拓時代野性風味的一款咖啡

羔羊肉包
210日圓

鬆軟的中式包子皮內夾有滿滿的羔羊絞肉

霜淇淋
320日圓

除了牛奶口味外，也推薦夏季限定的藍靛果口味

工廠參觀與甜點製作體驗
白色戀人公園好好玩！

從札幌市區搭乘電車約30分就能抵達以知名北海道點心「白色戀人」聞名的石屋製菓主題公園。
可以參觀生產線、挑戰製作點心的手作體驗，是個充滿樂趣的景點。

COMMENTED BY 竹島繪美子 EDITOR

園內有仿照中世紀英國建築的
「都鐸歐式洋房」等。
6月中～下旬為玫瑰的最佳賞花期

參觀時間約
60分

札幌近郊

しろいこいびとぱーく
白色戀人公園

「白色戀人」粉絲無法抵抗的
工廠參觀＆製作體驗！

從安透露普館1F通到都鐸歐式洋房1F
「Liberty Hall」的聯絡走廊除了有巧克力相關
展示外，還能參觀「白色戀人」的製作過程及
參加甜點製作體驗（需另付體驗費）。都鐸歐
式洋房1F的商店是挑選伴手禮的好去處。

☎011-666-1481 MAP 附錄正面①A2
🏠札幌市西區宮の沢2-2-11-36 🚃地下鐵東西線宮之澤
站步行7分 💴聯絡通道入館600日圓 🕘9:00～18:00（受
理入館為～17:00，商店為～19:00）🈚無休 🅿120輛

Start

售票櫃檯
安透露普館1F

①

ちょこれーとかっぷこれくしょん
巧克力杯蒐藏室

到18世紀前後為止，巧克力一
直是貴族愛喝的飲品。這裡展示
了當時用來飲用巧克力的貴重杯
具。

參觀途中可在包裝展示間看到過去歷代
的商品包裝

美麗的麥森瓷杯「繁花」

巧克力時光隧道
ちょこ・たいむとんねる

以立體模型方式呈現19世紀英國巧克力工廠的情景。還有解說當時巧克力製作的影像。

展示人偶細膩的動作也值得一看

白色戀人工廠參觀
しろいこいびとこうじょうけんがく

可以透過通道的玻璃窗看到以剛烤好的貓舌餅乾夾住巧克力的製作過程，以及包裝成品的情景。

白色戀人製品像河一般流動的景色令人讚嘆

甜點製作體驗工房
おかしづくりたいけんこうぼう ④

可製作直徑約14cm的愛心形白色戀人「我的白色戀人」972日圓，是人氣體驗課程，約需1小時20分。餅乾表面可用白巧克力畫上喜歡的圖案或寫字。另外還有數種體驗課程。

※體驗需另付體驗費。開始時間依課程有所不同，需洽詢，最晚可於前一天預約

可在包裝好後放進專用外盒帶回家

Goal

Liberty Hall
都鐸歐式洋房1F

①

巧克力吧
ちょこれーとらうんじ ⑤

位於收費區域4F的咖啡廳，店內使用英國製的骨董家具。除了巧克力飲料540日圓之外，還可品嘗獨家甜點。

②

1 以人氣商品做為佐料的白色戀人聖代756日圓
2 從大片玻璃窗可望見手稻山群山

白色戀人36片裝獨家盒2859日圓，可將當場拍攝的紀念照印在外盒上（至完成為止需約40分），十分受歡迎。於都鐸歐式洋房1F受理製作

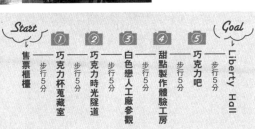

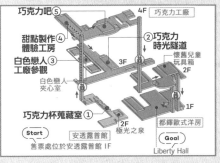

好天氣時造訪莫埃來沼公園
在自然與藝術的陪伴下度過1天

莫埃來沼公園距離札幌市區開車或搭乘巴士30分車程，佔地遼闊，陳列了許多裝置藝術品。
不妨在自然與藝術作品和諧共存的藝術公園內悠閒地散個步。

COMMENTED BY 竹島繪美子 EDITOR

莫埃來沼公園的象徵——玻璃金字塔

（札幌近郊）

參觀時間約
120分

もえれぬまこうえん
莫埃來沼公園

**有山丘、噴水池，甚至沙灘
藝術與自然交織而成的景點**

由活躍全球的雕刻家——野口勇所設計，整座公園便有如一件雕刻作品，189萬㎡的廣大佔地內陳設了許多藝術作品。夏季在東側入口有自行車出租服務（🕘9：00～17：00 ￥2小時200日圓）。

☎011-790-1231 附錄正面①D1
🏠札幌市東區モエレ沼公園1-1 🚌地下鐵東豐線環狀通東站搭乘北海道中央巴士往あいの里教育大販前方向25分，モエレ沼公園東口下車即到 ￥入園免費 🕘7:00～22:00（入園為～21.00）🈺因設施而異 🅿1500輛（冬季為100輛）

Start

⬇

東側入口

⬇

📷 **1**

がらすのぴらみっど
玻璃金字塔

由三角形與四角錐、立方體組合而成，形狀複雜的玻璃建築，共使用了1113片玻璃。內部為3層建築，設有餐廳及藝廊、商店。

1 也會在此舉辦音樂會與活動 2 名產莫埃來珠5個350日圓

莫埃來山
もえれやま

以不可燃垃圾與公共廢土建造而成，標高62m的人工山。登山口有3個方向、5條路線，皆約10分左右就能登上山頂。山頂部分為展望台。

1 積雪時可以滑雪或玩雪橇 2 一直線延伸到山頂的階梯

水韻廣場
あくあぷらざあんどかなーる

位於莫埃來山與石階山之間，以北海道產石材建成的噴水池。靜靜噴出的水會流入水道，夏天時可以在這裡泡泡腳清涼一下。僅6～9月有噴水。

水深約20～40cm，水道全長150m

石階山
ぷれいまうんてん

根據「直接將作品雕刻在大地上」的概念建造成的山。99階的石階是以來自瀨戶內海的花崗岩堆積而成。獨特外型讓人聯想到古代遺跡。

在山頂可將公園壯闊的景色盡收眼底

音樂貝殼
みゅーじっくしぇる

位在石階山正面的半球形裝置藝術品，作為音樂會及舞蹈等藝術表演的舞台使用。

內部為表演者的休息室

鋼骨三角錐體與土台
てとらまうんど

將直徑2m的巨大不鏽鋼圓柱搭成三角形，正下方有高度約4.7m的圓形草坪土台，構成了引發好奇心的景觀。圓柱表面經特殊加工處理，照到光時會發出神奇的光芒。

頂點高度約13m。走上土台去看看吧

Goal

西側入口

Start
Goal

東側入口 ─ 步行15分 ─ ① 玻璃金字塔 ─ 步行15分 ─ ② 莫埃來山 ─ 步行5分 ─ ③ 水韻廣場 ─ 步行5分 ─ ④ 石階山 ─ 步行3分 ─ ⑤ 音樂貝殼 ─ 步行1分 ─ ⑥ 鋼骨三角錐體與土台 ─ 步行10分 ─ 西側入口

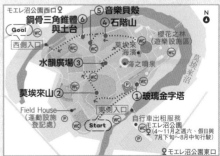

旅遊小筆記
深入採訪

令人好奇的
採訪途中

NIKKA招牌

NIKKA威士忌的霓虹燈招牌是薄野十字路口的象徵性地標。背景會變化為紅色、藍色、紫色等。

銀太君

載遊客走訪札幌主要景點的札幌觀光有篷馬車。馬的名字是銀太二號。

電視爸爸

札幌電視塔（→P80）的非官方吉祥物。電視爸爸周邊商品也很有人氣。

令人好奇的
方言

なまら【NAMARA】
なんまら【NANMARA】

意思

日常會話中常用到的辭彙之一。代表「很」、「～極了」、「非常」、「有夠」之意，用於更加強調接下來要說的話。

範例1

札幌のジンギスカンはなまらうまいっしょ。

札幌的成吉思汗烤肉很好吃對吧？

範例2

なまらしばれるので手袋はいた。

實在很冷，所以戴上手套。

令人好奇的人物
是何方神聖？

本陣狸大明神社

位於狸小路商店街5丁目（MAP 附錄正面②C6）。據說去摸狸水かけ地藏拿的帳簿能生意興隆，摸祂的肚子能夠安產等，共有8種福報。

近距離看…

狸水かけ地藏右手杵著枴杖，左手拿著帳簿。

克拉克博士

全名是威廉・史密斯・克拉克，曾擔任北海道大學的前身——札幌農學校的首任校長。留下了「少年們，要胸懷大志（Boys, be ambitious）」這句名言。

本書作者的真心話
各式各樣的必遊景點複習

SPOT

大通公園

羊之丘展望台

小樽運河

旭山動物園

富田農場

橫貫市區中央的大通公園（→P10）距離札幌電視塔（→P80）及札幌市時計台（→P98）等主要觀光景點都很近，可以在到達札幌後先來造訪。雪祭及聖誕市集等活動也是在此舉行，配合舉辦期間將這裡排入行程，能讓旅行樂趣加倍！如果想欣賞北海道式的田園風景，就要去羊之丘展望台（→P84）。從札幌搭乘電車車程約30分的港都小樽則展現出與札幌截然不同的氣氛，喜歡懷舊風格的人絕對會愛上這裡的街景。在舊倉庫群林立的小樽運河（→P107）散步後，可以品嘗海鮮美食與購買小樽玻璃商品。若行程還有時間，不妨去看看日本最北端的動物園——旭山動物園（→P118），或是夏天開滿了美麗薰衣草的富良野富田農場（→P126）。

FOOD

拉麵

成吉思汗烤肉

湯咖哩

壽司

聖代

抵達了札幌雖然是很好，但有太多店可以選，反而不知道要吃什麼…如果這樣的話，就先去吃拉麵（→P30）填飽肚子吧。除了經典的味噌拉麵外，札幌才吃得到的個性拉麵也不可錯過。深植北海道人心中的在地食物——成吉思汗烤肉（→P48）也是必吃美食。即使是不喜歡羊肉腥羶味的人，在吃了正宗發源地北海道的成吉思汗烤肉後，一定也會改觀。另一道一定要吃的美食就是在香辣湯頭中放入蔬菜及肉類等大量食材的湯咖哩（→P34）。湯頭及配料、辣度可依個人喜好調整也是吃湯咖哩的一大樂趣喔！如果想品嘗新鮮海產，當然要吃壽司（→P42）。目標就瞄準CP值最高的午餐限定菜色吧！享受過札幌的夜晚後，在時髦的夜間咖啡廳來份聖代（→P54），為一天畫下完美句點。

SOUVENIR

葡萄奶油夾心餅乾

巧克力洋芋片

白色戀人

雙層起司蛋糕

小樽玻璃

首先是因為札幌本店開幕而備受矚目的「六花亭（→P60）」，經典葡萄奶油夾心餅乾使用的奶油滋味飽滿豐富，吃過一次便讓人無法忘懷。除了當作伴手禮，也忍不住想多買幾盒自己吃。同為北海道代表性西點品牌的「ROYCE'（→P75）」也有人氣商品巧克力洋芋片，是男女都喜愛的伴手禮。「石屋製菓（→P75）」的白色戀人是熱銷30年以上的長青商品，雖然簡單，但美味程度始終不變。如果造訪小樽的話，絕不能錯過「LeTAO（→P114）」的雙層起司蛋糕，在口中柔順融開的口感令人感動。由於是冷凍商品，也可以回程搭機時在機場購買。想買雜貨的話，可以去堺町通（→P108）挑選小樽玻璃製品，有飾品及餐具、居家雜貨等，種類豐富，讓人賞心悅目。

/ 區域別 /

STANDARD SPOT CATALOG

必遊景點目錄

CONTENTS

依照各區域介紹
遊客最常造訪的
必遊觀光設施、
好評餐廳、咖啡廳資訊。

詳細交通資訊請見P136

STANDARD
SPOT
CATALOG

① 開放式露台面對著連接札幌站前通與北海道廳舊本廳舍的北3条廣場。北3条廣場的銀杏樹在夏天會披上翠綠外衣，到了秋天則掛滿黃葉，為廣場增添鮮豔色彩 ② 以「都會綠洲」為主題的 Atrium Terrace

観光
あかれんが てらす

紅磚露臺

匯集眾多美食餐廳
5個露臺充滿個性

於2014年開幕，是札幌的人氣景點。聚集了北海道及外地的知名商店與餐廳，並有位於5樓的眺望台等5個露臺。除了在此享用美食及購物外，也可以當作旅途中的休息站。

☎011-211-6200（紅磚露臺營運中心） 𝗠𝗔𝗣附錄正面②C4 ▲札幌市中央区北2西4-1 ♥JR札幌站步行5分 ⏰休因店而異 ℙ有契約停車場

從離地160m的高度
將札幌市區盡收眼底

位於地上38層，展望室所在的JR塔是北海道最高的建築物。在此能眺望棋盤狀的札幌市街，並360度全景欣賞周圍群山。館內各處陳設的公共藝術作品也值得一看。

☎011-209-5500　MAP 附錄正面②D2
🏠札幌市中央区北5西2　🚉直通JR札幌站
🕙10:00～23:00(入場為～22:30，可能會有變動)
🈂無休　💴入場720日圓　🅿有契約停車場

JR塔展望室T38
じぇいあーるたわーてんぼうしつT38
観光

1 這裡也有販賣T38獨家商品的商店。星星大時鐘5700日圓
2 JR塔內有飯店及許多商店
3 天氣好時可以望見小樽及夕張岳

紅磚散發獨特韻味
明治時代的代表性西洋建築

建於明治21年（1888）的紅磚建築，約有80年間供作北海道廳使用。設計上以美國議會建築為範本，走美式新巴洛克風格。外牆使用了約250萬塊紅磚。

☎011-204-5019(北海道廳總務部總務課 平日8:45～17:30)、011-204-5000(北海道廳中央司令室 週六、週日、假日)　MAP 附錄正面②B4　🏠札幌市中央区北3西6　🚉JR札幌站步行7分　🕙8:45～18:00　🈂無休　💴入館免費　🅿無

北海道廳舊本廳舍
ほっかいどうちょうきゅうほんちょうしゃ
観光

1 紅磚限定北海道紅、白酒各360ml 1080日圓
2 當地人將這裡暱稱為「紅磚廳舍」。館內一部分開放參觀
3 正面大廳美麗的三重拱門讓人印象深刻

札幌站周邊

寿し心 なかむら

すしごころ なかむら

用餐

以令人安心的划算價格 提供北海道近海漁產

能以實惠價格品嘗到每天早上向市場採購的新鮮海產。醋飯使用的是北海道產ななつぼし米。8貫使用當令食材的握壽司加上鐵火卷及椀物、甜點搭配成的午餐C套餐很受歡迎。

☎011-219-1221 MAP 附錄正面②C4
🏠札幌市中央区北2西3敷島ビル地下1F 🍴直通札幌站前地下步行空間 🕐11:00〜14:00(僅週一〜週五)、17:30〜23:00(週日、假日為〜22:00) 休不定休 席42 P無

① 使用了松葉蟹的和風燒賣,雪牡丹630日圓 ② 超值午餐C套餐1180日圓

札幌拉麵共和國

さっぽろらーめんきょうわこく

用餐

有如北海道拉麵的主題樂園,除了札幌外,還能吃到函館及旭川等北海道內各地人氣名店的拉麵。內部重現了昭和時代的街景,還設有伴手禮店「札幌拉麵開拓舍」。

☎011-209-5031(ESTA) MAP 附錄正面②C3
🏠札幌市中央区北5西2札幌エスタ10F 🍴直通JR札幌站 🕐11:00〜21:45LO 休無休 P有契約停車場

① 麺処 白樺山荘的味噌拉麵800日圓。這裡共有8間北海道的人氣拉麵店進駐

CAFE ESHER

かふぇ・えっしゃー

咖啡廳

散發懷舊氣息的老牌咖啡廳。從開店以來不斷增添補充,沿用至今的咖哩醬味道非常正統,已超越了"咖啡廳的咖哩"的範疇。咖哩套餐730日圓〜附沙拉與飲料。

☎011-231-4430 MAP 附錄正面②C4
🏠札幌市中央区北2西3-1-26札幌第一ビル地下1F 🍴札幌站前地下步行空間5號出口即到 🕐11:30〜15:00LO(週六為12:00〜14:15LO) 休週日、假日 席22 P無

① 最受歡迎的茄子絞肉咖哩780日圓。另有數量限定餐點

洋菓子きのとや大丸店 KINOTOYA Cafe
ようがしきのとやだいまるてん
きのとや かふぇ

☕ 咖啡廳

人氣甜點店「洋菓子きのとや」的咖啡廳。除了有塔類加上霜淇淋等的甜點套餐外，還能吃到獨家甜點。每週五舉辦1小時1728日圓吃到飽的「きのとや甜點祭」。

☎011-252-6161 MAP 附錄正面②C2
🏠 札幌市中央区北5西4大丸札幌店地下1F 🚃直通JR札幌站 🕐10:00～19:40LO 🈺比照大丸札幌店 🈳42 🅿400輛

1 甜點套餐1296日圓附咖啡或紅茶

Queen's SOFT CREAM CAFÉ
くぃーんずそふとくりーむかふぇ

☕ 咖啡廳

能享用以赤井川村、山中牧場直送鮮乳製作，滋味豐富多樣的霜淇淋，是在地人也愛來的咖啡廳。手工製作的草莓、藍莓、巧克力醬值得推薦。霜淇淋270日圓～。

☎011-213-2603 MAP 附錄正面②C3
🏠 札幌市中央区北5西2エスタ10F 🚃直通JR札幌站 🕐11:00～21:50LO 🈺無休 🈳20 🅿有契約停車場

1 加了手工巧克力醬等配料的特製巧克力霜淇淋500日圓

MILKISSIMO 札幌APIA店
みるきっしも さっぽろあぴあてん

☕ 咖啡廳

以函館近郊的高品質鮮乳作為原料的義式冰淇淋專賣店。包括使用北海道當令食材的口味，以及以義大利甜點為靈感的品項等，總共有80種風味，每個月會輪流推出18種。

☎011-209-1319 MAP 附錄正面②C3
🏠 札幌市中央区北5西4札幌アピアウエストアベニュー地下1F 🚃直通JR札幌站 🕐9:30～21:00 🈺無休 🈳6 🅿有契約停車場

1 MILKISSIMO DOLCERIA三球550日圓。單球為390日圓

Sapporo Style Shop
さっぽろすたいるしょっぷ

🛍 購物

販賣由札幌市內的創作者及企業所打造，通過「Sapporo Style」認定的商品。以札幌的風土及在地生活為形象，集合了手工藝、雜貨、化妝品及文具等各式各樣的商品。

☎011-209-5501 MAP 附錄正面②D2
🏠 札幌市中央区北5西2JRタワーイースト6F展望室入口 🚃直通JR札幌站 🕐10:00～20:00 🈺無休 🅿有契約停車場

1 以北海道產羊毛製作，蓬鬆輕柔的軟軟小綿羊系列，1個1365日圓～

STANDARD SPOT CATALOG

大通公園周邊

ŌDORIKOEN
SHUHEN

STANDARD
SPOT
CATALOG

① 每整點會鳴鐘報時 ② 大展示台介紹了時計台與札幌農學校的歷史 ③ 2F展示了Howard的同型塔鐘 ④ 裝在時計台吉祥物「とっけ」束口袋內的奶油糖378日圓

観光

さっぽろとけいだい

札幌市時計台

現在仍然持續刻劃著時間
日本國內最古老的鐘樓

因札幌農學校（現北海道大學）的首任校長克拉克博士建議，於明治11年（1878）興建，最初是作為學生進行軍事化訓練的操練場。從運轉開始至今已經過130年以上，是日本國內現存最古老的鐘擺式時鐘。

☎011-231-0838 MAP附錄正面②D4
🏠札幌市中央区北1西2 🚶‍♂️札幌站前地下步行空間9號出口即到 ⚥入館200日圓 🕐8:45～17:00 休第4週一（逢假日則翌日休。5～10月無休）🅿無

札幌市資料館

さっぽろししりょうかん

👆觀光

興建於大正15年（1926）的石造建築，最初是相當於現在高等法院的札幌控訴院，位於大通公園西端。館內復原了當時的刑事法庭，並有城市歷史展示室，可藉此學習到札幌的歷史。

☎011-251-0731　MAP附錄正面①B3
🏠札幌市中央區大通西13　🚇地下鐵東西線西11丁目站步行5分　🕐9:00～19:00　休週一（逢假日則翌日休）　Ｐ無

1 刑事法庭展示室有時會供模擬法庭使用

札幌中央店

元祖美唄やきとり 福よし

がんそびばいやきとり、ふくよし、さっぽろちゅうおうてん

🍴用餐

美唄烤雞肉串老店，為了讓顧客能品嘗到整隻雞的美味，將精選雞肉與雞內臟串在一起提供給顧客。店內空間寬敞，也有和式座位。除了濃郁雞湯麵上放了炭火燒烤雞內臟串的福よし流雞雜麵907日圓外，還有其他居酒屋料理。

☎011-210-2944　MAP附錄正面②C5
🏠札幌市中央區北1西5興銀大樓1F　🚶札幌站前地下步行空間12號出口步行3分　🕐11:00～14:00（週一～週五）、16:30～22:45LO　休週日、假日　席84　Ｐ無

1 元祖美唄烤雞肉串1串145日圓

TOKUMITSU COFFEE 大通店

とくみつこーひー　おおどおりてん

☕咖啡廳

位於石狩町的自烘豆咖啡店直營的咖啡廳。這裡能喝到店家親赴產地直接採購，並自家烘培豆的精品咖啡。散發豐富香氣的咖啡與甜點也是絕配。

☎011-281-1100　MAP附錄正面②C5
🏠札幌市中央區大通西3大通ビッセ2F　🚇直通地下鐵大通站　🕐10:00～20:00　休無休　席121　Ｐ無

1 BISSE特調550日圓與自製起司蛋糕330日圓

Sapporo Sweets Café

さっぽろすいーつかふぇ

☕咖啡廳

以每個月替換餐點，提供札幌市內及近郊人氣甜點店的甜點之商店兼咖啡廳。還能在咖啡廳品嘗到每年舉辦一次的「札幌甜點大賽」的獲勝作品。也可外帶。

☎011-211-1541　MAP附錄正面②D5
🏠札幌市中央區大通西2さっぽろ地下街オーロラタウン內　🚇直通地下鐵大通站　🕐10:00～20:00　休不定休　席37　Ｐ有契約停車場

1 一款展示櫃內的蛋糕搭配飲料的蛋糕套餐756日圓

STANDARD SPOT CATALOG

STANDARD SPOT CATALOG

札幌かに家 本店（さっぽろかにや ほんてん）🍴用餐

除了螃蟹涮涮鍋、螃蟹壽喜燒、螃蟹宴席料理等全餐料理外，還有超過50種的豐富菜色，讓顧客大啖螃蟹料理。松葉蟹生切片1404日圓及其他單品料理都值得推薦。

☎011-222-1117　MAP 附錄正面②D6　🏠札幌市中央区南4西2-11　🚇地下鐵南北線薄野站1號出口步行3分　🕚11:00～14:00LO、17:00～22:00LO（週六、週日、假日為11:00～22:00LO）　休無休　席550　P無 ※包廂需另收10%服務費

① 螃蟹生切片搭配小火鍋等，共10道菜的きよみず5940日圓

迴轉壽司 魚心 薄野LAFILER店（かいてんずし さかなごころ すすきののらふぃらてん）🍴用餐

由札幌的水產公司直營，從獨家管道採購的海鮮，不僅新鮮且高品質。別忘了留意每個季節推出的當令推薦菜色。

☎011-518-7177　MAP 附錄正面②C7　🏠札幌市中央区南4西4ススキノラフィラ地下2F　🍴直通地下鐵南北線薄野站4號出口　🕙10:00～20:40　休比照薄野LAFILER休館日　席40　P有契約停車場

① 必點的黑鮪魚大腹324日圓
② 油脂分布適中的鮭魚140日圓

Bistro 清水亭（びすとろしみずてい）🌙夜間娛樂

位於匯集了法國料理餐廳、啤酒吧、咖啡廳等約15家店鋪的TANUKI SQUARE內的小酒館。在此能輕鬆品嘗到有多年法國料理廚師經驗的主廚製作的法式及義式、創作料理。僅週末為全店禁菸。

☎011-233-5106　MAP 附錄正面②B6　🏠札幌市中央区南3西7-6-4TANUKI SQUARE內　🍴地下鐵大通站1號出口步行7分　🕔17:00～23:00　休週日，每月另休一次週一　席16　P無

① 開胃小菜350日圓。店內黑板上寫有各種下酒的料理

米風亭（べいふうてい）🌙夜間娛樂

昭和61年（1986）開業的啤酒吧。除了日本國內各品牌的桶裝生啤酒外，還有豪格登啤酒等比利時啤酒，提供約50種啤酒。招牌料理是享譽全國的油麵，另外還有豐富的餐點。

☎011-271-7397　MAP 附錄正面②E6　🏠札幌市中央区南3西1和田ビル1F　🚇地下鐵東豐線薄水薄野站1號出口即到　🕚11:30～翌3:30LO　休無休　席55　P無

① 招牌油麵750日圓也很適合喝酒後吃

STANDARD SPOT CATALOG

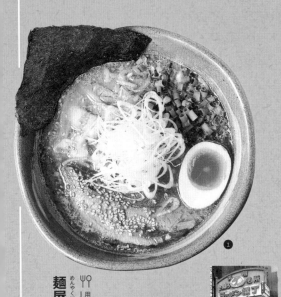

講究的雙重湯頭拉麵
最適合喝完酒後來一碗

位於約有60年歷史，薄野知名的元祖さっぽろラーメン橫丁內。拉麵湯頭調和了以小魚乾及柴魚片等海鮮類熬煮的高湯及豚骨、豬肉、雞肉湯，滿是鮮甜滋味。副餐的水餃400日圓也很受歡迎。

麵屋國光
めんやくにみつ

🍴 用餐

☎090-9525-2695 **MAP** 附錄正面②D7 ♠札幌市中央区南5西3-6 元祖さっぽろラーメン橫丁內 ❗地下鐵南北線薄野站3號出口步行3分 🕚11:30～23:30 休週一（逢假日則營業）🅟15 🅿無

1 加了大量蔥的味噌拉麵800日圓
2 橫丁內有17家拉麵店

HASSO
はっそう

🌙 夜間娛樂

可吃到以嚴選北海道產食材製作的料理及甜點的酒吧。包括招牌口味與每日替換的口味在內，義大利麵共有7～8種，甜點含每月替換的品項在內也有8種。甜點的甜度較低，與酒也很搭。葡萄酒一杯600日圓～。

☎011-231-7778 **MAP** 附錄正面②C6 ♠札幌市中央区南2西5-3-1 ❗地下鐵大通站10號出口步行5分 🕚16:00～翌1:00 休週三 🅟17 🅿無

1 蕃茄燉裳裳高橋農場短角牛肚1200日圓 2 義式花生奶油聖代1200日圓

BAR 慶
ばーけい

🌙 夜間娛樂

監修電影《偵探在酒吧2》的酒保－本間先生所經營的酒吧。除了提供雪莉酒及單一麥芽威士忌等600種以上的酒類外，還有偵探巧克力（3種）600日圓及義大利麵等豐富餐點。

☎011-563-0017 **MAP** 附錄正面②D7 ♠札幌市中央区南6西4-5-11ジャスマック6番館2F ❗地下鐵南北線薄野站5號出口步行5分 🕚18:00～翌5:00（週六為15:00～、週日、假日為15:00～翌2:00）休無休 🅟25 🅿無

1 琴霸克900日圓 2 自製巧克力與酒很搭

STANDARD SPOT CATALOG

AREA
圓山&
札幌近郊
MARUYAMA&
SAPPOROKOGAI

STANDARD SPOT CATALOG

圓山　觀光

札幌市
圓山動物園
さっぽろしまるやまどうぶつえん

充滿巧思的展示方式
讓遊客近距離接觸動物

飼養、展示合計約180種、900隻的哺乳
類及爬蟲類、兩棲類等動物。幾乎每天都
會舉辦「大家的心動體驗」，由飼育員解
說動物生態。2015年秋季開始開放一部
分的新設施「非洲區」很受歡迎。

1 北極熊是動物園的
高人氣動物 2 有時
可以看到小貓熊走過
吊橋的樣子

☎011-621-1426 [MAP]附錄正面①A3
🏠札幌市中央区宮ヶ丘3-1 🚃地下鐵東西線圓山公
園站車程3分 ¥入園600日圓 🕘9:00～17:00(11
～1月為～16:00) 休無休 P833輛(1次700日圓)

札幌近郊　觀光

札幌巨蛋
さっぽろどーむ

北海道日本火腿鬥士隊與北海道Consadole札
幌的主場，不僅是棒球場與足球場的比賽會
場，也會用來舉辦各種活動。還有約53m高的
展望台，可在此觀賞體育館全景與市區。

☎011-850-1020 [MAP]附錄正面①D4
🏠札幌市豐平区羊ケ丘1 🚃地下鐵東豐線福住站3
號出口步行10分 🕘¥休因活
動而異 P收費1412輛(可能
會因活動而有變動)

1 展望台是隱藏的美景聖地。
這裡也有舉辦巨蛋的參觀導覽
（需付費）

札幌近郊　觀光

北海道博物館
ほっかいどうはくぶつかん

於2015年4月開幕，是展示北海道自然及歷
史、文化的綜合博物館。也針對愛奴文化及移
民者的生活、動植物進行解說，能完整了解北
海道。

☎011-898-0466 [MAP]附錄背面⑥D6 🏠札幌市
厚別区厚別町小野幌53-2 🚃札幌站搭乘JR函館本
線12分，森林公園站車程5分 ¥入館600日圓
🕘9:30～17:00(10～4月為～
16:30) 休週一(逢假日則翌平
日休) P100輛

1 諾氏古菱齒象全身骨骼的複
製標本震撼力十足

藻岩山山頂展望台
もいわやまさんちょうてんぼうだい

（札幌近郊）

👆 觀光

眺望札幌市區的人氣景點

能360度眺望札幌市街，將令人感動的絢爛美景盡收眼底的山頂展望台。展望台還設有最新式天象儀「STAR HALL」及餐廳、外帶區。

☎011-561-8177 ᴹᴬᴾ附錄正面①B4
🏠札幌市中央区伏見5-3-7 🚃市電ロープウェイ入口下車步行10分（或搭乘免費接駁巴士5分）Ⓥ空中纜車+迷你電纜車來回1700日圓 🕙10:30～22:00（冬季為11:00～）Ⓗ11月有保養維修日 Ⓟ120輛

1 天象儀播放時間約20分 2 不論日間景色或夜景都美麗。山頂站可搭乘空中纜車前往

STANDARD SPOT CATALOG

三寶樂啤酒博物館
さっぽろびーるはくぶつかん

（札幌近郊）

👆 觀光

重新利用紅磚建造的工廠，作為日本唯一的啤酒博物館，以圖板及模型介紹三寶樂啤酒約140年的歷史。並設有付費試喝區。

☎011-748-1876 ᴹᴬᴾ附錄正面①C2
🏠札幌市東区北7東9-1-1 🚃地下鐵東豐線東區役所前站4號出口步行10分 🕙10:30～最終入館18:00 Ⓗ週一（逢假日則翌日休），另有特別休館日 Ⓟ200輛

1 在此可了解三寶樂啤酒的歷史及發展經過。建築物已獲選為北海道遺產

大倉山展望台
おおくらやまてんぼうだい

（圓山）

👆 觀光

曾是昭和47年（1972）冬季奧運的跳台滑雪場地，目前也是世界盃跳台滑雪賽等比賽的場地，夏季則作為展望台對外開放。可以去跳台頂端標高307m的展望台欣賞札幌市街風景。

☎011-641-8585（總機）ᴹᴬᴾ附錄正面①A3 🏠札幌市中央区宮の森1274 🚃地下鐵東西線圓山公園站搭乘巴士7分，大倉山競技場入口下車，步行10分 Ⓥ纜椅來回500日圓 🕙8:30～18:00（11～4月為9:00～17:00）Ⓗ比賽、官方練習日，纜椅維修保養期間（預定4月）需洽詢 Ⓟ113輛

1 站上展望台能體驗與跳台滑雪選手相同的視野

圓山｜用餐｜TAKU 円山 たくまるやま

以「時髦享用日本料理」為主題的和食餐廳。午餐平日1600日圓～，晚餐則有雪6800日圓～等3種。除了北海道產日本酒外，葡萄酒櫃中也陳列了侍酒師嚴選的葡萄酒。

☎011-615-2929　MAP 附錄正面①B3　▲札幌市中央区北1西27-1-7　♥從地下鐵東西線圓山公園站1號出口即到　◐12:00～14:00LO、17:30～22:30LO　休週二　席27　P無

1 全餐的其中一道料理，真鯛柏味噌燒。料理內容每個月皆不同

圓山｜用餐｜La Santé らさんて

提供北海道特有、充滿季節感的法國料理。食材是直接向生產者採購，其中還包括從道東，足寄町的石田綿羊牧場整頭購入的羊，製作出美味絕頂的羊肉料理。

☎011-612-9003　MAP 附錄正面①B2　▲札幌市中央区北3西27-2-16　♥地下鐵東西線西28丁目站3號出口步行3分　◐12:00～13:30LO（午餐時段僅限週六、週日、假日）、18:00～21:00LO　休週三、第2、3週四　席22　P2輛

1 可享用當令食材的全餐6480日圓共有7道菜，建議事先預約

圓山｜咖啡廳｜森彦 もりひこ

屋齡約70年的老宅整修成的咖啡廳，是札幌人氣咖啡品牌森彥的本店，能喝到以手沖方式細心沖泡的香醇咖啡。店內也有販賣咖啡豆200g1296日圓～。

☎011-622-8880　MAP 附錄正面①B3　▲札幌市中央区南2西26-2-18　♥地下鐵東西線圓山公園站4號出口步行5分　◐11:00～21:00LO（週六、週日為10:00～）　休不定休　席16　P5輛

1 特調咖啡550日圓～，起司蛋糕420日圓

札幌近郊｜購物｜札幌市中央批發市場外市場 さっぽろしちゅうおうおろしうりじょうじょうがいしじょう

札幌市中央批發市場是北海道規模最大的市場，而場外市場販賣的山珍海味就是從這裡採購的。這裡有鮮魚店、蔬果店、餐廳等約60家店鋪。

☎011-621-7044（場外市場中心街商業公會）　MAP 附錄正面①B2　▲札幌市中央区北11西21～23　♥地下鐵東西線二十四軒站5號出口步行7分　◐6:00～17:00　休無休　P100輛

1 15時以後店鋪便會陸續打烊，建議上午前來

WELCOME TO
OTARU

現在最想一探究竟的小樽觀光

一網打盡小樽精華！
懷舊景點漫步PLAN

小樽過去曾是繁榮的商業城市，保留至今的石造倉庫及銀行建築散發復古風情。
散步途中還有海鮮美食及甜點，購物轉點多樂趣喔。

COMMENTED BY 佐佐木由美 WRITER

以「復古摩登」為概念，於2012年重新裝修完成的小樽站，內部共有333盞燈

Start

JR小樽站

おたる
小樽

是這樣的地方

懷舊風情別具魅力
北方第二大港都

位於札幌市西北方，曾因北海道開拓而盛極一時的港都。值得一遊的觀光景點包括了石造倉庫林立的「小樽運河」、保留了填平前的風景至今的「北運河」、購物街「堺町通」、聚集了懷舊建築的「北方華爾街」及手宮線遺址等，能在散步的同時感受舊時氣氛。

☎0134-33-2510（小樽觀光協會） ☎0134-32-4111（代表號）（小樽市觀光振興室）MAP附錄正面③
🍴JR札幌站搭乘快速列車約32分

據說過去曾有蒸汽火車頭噴著蒸氣，奔馳於這裡的軌道上

てみやせんあとち
手宮線遺址

於明治13年（1880）通車，昭和60年（1985）廢線的舊國鐵手宮線遺址。目前約有1313m整修成為休憩場所，有時也會用於舉辦活動。

☎0134-32-4111（小樽市觀光振興室）MAP附錄正面③B2
🏢小樽市色內 🍴JR小樽站步行7分 ⏰🈩休自由散步 Ｐ無

② 運河廣場（小樽市觀光物產廣場）

うんがぷらざ（おたるしかんこうぶっさんぷらざ）

這裡原是面向小樽運河的歷史建築「小樽倉庫」，現在除了是提供小樽市內及近郊觀光手冊的觀光服務處，還有特產商店及咖啡廳、休息區。

販賣玻璃製品及當地點心、海鮮加工品等特產

☎0134-33-1661 MAP附錄正面③C2
🏠小樽市色內2-1-20 🚃JR小樽站步行10分
🕐9:00～18:00（有季節性變動）休無休
Ｐ無

③ 小樽運河

おたるうんが

小樽運河完工於大正12年（1923），在昭和61年（1986）轉變為現在的樣貌。據說過去運河沿岸倉庫林立，河上載送貨物的小船川流不息。行駛小樽港及北運河的遊船（洽詢☎0134-31-1733）也很有人氣。

1 可從小樽運河遊船上觀賞倉庫群 2 運河邊修築了步道，夜晚會點亮煤氣燈

☎0134-32-4111（小樽市觀光振興室）MAP附錄正面③C2
🏠小樽市港町 🚃JR小樽站步行10分 Ⓨ Ⓛ自由參觀 Ｐ無

④ 小樽運河食堂

おたるうんがしょくどう

以昭和30年代的小樽為概念的美食主題公園，共有8家餐廳，能在此吃到成吉思汗烤肉及海鮮蓋飯、拉麵、湯咖哩等北海道的代表性美食。

1 位於小樽運河沿岸的石造建築
2 小樽海藏的鮮蝦醬油拉麵864日圓

☎0134-24-8002
MAP附錄正面③C2
🏠小樽市港町6-5 🚃JR小樽站步行10分 🕐因店而異 休無休
Ｐ15輛

Goal
JR小樽站

⑤ 日本銀行舊小樽分行 金融資料館

にほんぎんこうきゅうおたるしてん きんゆうしりょうかん

明治45年（1912）完工，目前為對外開放的資料館！館內介紹了日本銀行的歷史及業務、金融架構，還有「紙鈔藝廊」等豐富展示。

1 北方華爾街的代表性雄偉建築 2 館內寬闊的挑高空間讓人感受到舊時銀行的氣氛

☎0134-21-1111 MAP附錄正面③B3
🏠小樽市色內1-11-16 🚃JR小樽站步行10分 Ⓨ入館免費
🕐9:30～17:00（最終入館為～16:30、12～3月為10:00～）
休週三（逢假日則開館）Ｐ無

Start
JR小樽站 — 步行7分 — ① 手宮線遺址 — 步行4分 — ② 運河廣場 — 步行3分 — ③ 小樽運河 — 步行5分 — ④ 小樽運河食堂 — 步行4分 — ⑤ 日本銀行舊小樽分行 金融資料館 — 步行10分 — **Goal** JR小樽站

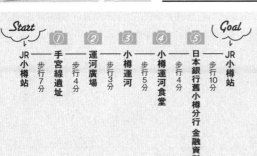

喚醒少女心的街道
在堺町通採購伴手禮

堺町通林立著販賣小樽玻璃及音樂盒等雜貨的商店。
許多店鋪就位於老房子內，能一面沉浸在懷舊氣氛中　面挑選伴手禮

COMMENTED BY　佐佐木由美　WRITER

←往南小樽站

きたいちがらすさんごうかん
北一硝子三號館　Ⓑ

明治34年（1901）創業，小樽的老字號玻璃店。製造、銷售玻璃杯及器皿、小物、居家雜貨等多達數萬件的獨家玻璃製品。館內分為和、洋、鄉村三個樓層，方便顧客依類別尋找商品。

☎0134-33-1993　MAP 附錄正面③D4
🏠小樽市堺町7-26　🚃JR小樽站步行20分，JR南小樽站步行10分　⏰8:45～18:00　休無休　P有契約停車場

1 夜燈10000日圓，高約20cm，尺寸適中，方便使用 2 花色以四季為意象的萬花筒玻璃杯，各5000日圓 3 完美發揮了石造倉庫獨特氣氛的「洋式樓層」

Ⓐ 小樽音樂盒堂 本館

おたるおるごーるどう ほんかん
小樽音樂盒堂 本館　Ⓐ

位於明治45年（1912）興建的米商本社建築的音樂盒專賣店。店內販賣從珠寶盒造型到壽司之類的逗趣造型等，2萬5000個以上的音樂盒。

1 珠寶盒音樂盒4320日圓 2 可實際當作時鐘使用的蒸氣鐘音樂盒4104日圓 3 蒸氣鐘是堺町通的象徵

☎0134-22-1108　MAP 附錄正面③D4
🏠小樽市住吉町4-1　🚃JR小樽站步行20分，JR南小樽站步行7分　⏰9:00～18:00（夏季之週五、週六、假日前一日為～19:00）　休無休　P無

Ⓑ 北一硝子三號館　Ⓒ 調味料罐專門店 さしすせそ

ちょうみりょういれせんもんてんさしすせそ
調味料罐專門店 さしすせそ　Ⓒ

玻璃製調味料罐專賣店，得到「方便好用」之好評的醬油瓶800日圓～，實惠的價格也很有吸引力。店內還有水晶製品及各種花色活潑的商品，種類豐富。

1 波浪花紋醬油瓶（小）1200日圓（托盤另售） 2 雪花圖案醬油瓶1200日圓（托盤另售） 3 除了醬油瓶外還有販賣小盤子等

☎0134-33-1993　MAP 附錄正面③D4
🏠小樽市堺町7-26　🚃JR小樽站步行20分，JR南小樽站步行10分　⏰8:45～18:00　休無休　P有契約停車場

きたいちゔぇねつぃあびじゅつかん
北一威尼斯美術館

在重現中世紀宮殿的優雅建築內，展示了購自義大利，金碧輝煌的威尼斯玻璃。館內除設有商店及咖啡廳外，還會隨時舉辦企劃展。

1 館內展示了據說黛安娜王妃曾搭乘過的貢多拉遊船

☎0134-33-1717 **MAP**附錄正面③D4
🏠小樽市堺町5-27 🚃JR小樽站步行18分，JR南小樽站步行10分
🕐8:45～18:00（最終入館為～17:30）休無休 P有契約停車場

たいしょうがらす ほっこりや
大正硝子 ほっこり家

從價格實惠的小物到職人製作的一級品等，販賣約600件袖珍玻璃製品的專賣店。還有能挑戰製作玻璃小物的玻璃燈工製作體驗900日圓～（詳情需洽詢）

1 精油組1620日圓。素燒擴香碟及精油，附袖珍玻璃製品

☎0134-32-5567 **MAP**附錄正面③D4
🏠小樽市堺町4-15 🚃JR小樽站步行18分，JR南小樽站步行12分 🕐10:00～19:00 休無休 P無

E 大正硝子 ほっこり家

往日銀通→

D 北一威尼斯美術館

F 小樽蠟燭工房

G 大正硝子館 本店

おたるきゃんどるこうぼう
小樽蠟燭工房

販賣約1000種設計及香味各異的蠟燭，也買得到該店附設工房製作的原創商品及每季限定的蠟燭。2樓設有氣氛絕佳的咖啡廳。

1 小樽運河蠟燭杯（附蠟燭）1512日圓 2 也可進行香氛蠟燭條製作體驗（¥2160日圓）

☎0134-24-5880
MAP附錄正面③C3
🏠小樽市堺町1-27 🚃JR小樽站步行13分 🕐10:00～19:00（咖啡廳為～16:30LO，有季節性變動）休無休 P無

たいしょうがらすかん ほんてん
大正硝子館 本店

利用明治39年（1906）興建的商家所開設的玻璃館。除了自家工房的原創商品及小樽市內玻璃藝術家的作品外，以夏天的風鈴及冬天的雪人為意象的季節商品也很受數迎。

1 彩虹調色盤系列 圓玻璃杯2160日圓。有腳玻璃杯各3564日圓 2 店內也陳列了餐具及玻璃杯等豐富的實用性商品

☎0134-32-5101
MAP附錄正面③C3
🚃JR小樽站步行13分
🕐9:00～19:00（夏季會延長）休無休 P4輛

GOURMET GUIDE

在壽司之都——小樽
絕對不可錯過的壽司午餐

過去因港口而興盛，目前市內也有3座漁港的小樽，是有名的壽司之都。
前往從超過100家壽司店當中脫穎而出的名店，享用極致美味的午餐吧。

COMMENTED BY 佐佐木由美 WRITER

小樽站周邊

うおまさ
魚真

位於小樽站附近，不論在地人或觀光客都愛的高人氣壽司店，能在此以實惠價格品嘗到小樽近海捕獲的新鮮海產。除了壽司以外還有豐富的餐點，在馬鈴薯上放上粗鹽醃牛肉、海膽，再淋上滿滿的起司燒烤而成的魚真燒便是其中一道人氣料理。

☎0134-29-0259　MAP 附錄正面③B2
🏠小樽市稻穗2-5-11　🚃JR小樽站步行6分
🕐12:00～14:00、16:00～20:45LO　🈺週日（若週日、週一為連休則營業）　🪑130　🅿8輛

1 分量十足的魚真燒（大）850日圓 2 店內有吧檯座、桌席及和式座位 3 共有15貫壽司的魚真握壽司（附土瓶蒸）2700日圓

小樽站南

たからすし
宝すし

握壽司使用的天然食材是眼光精準的老闆親自從市場採購，細膩滋味突顯了精湛的手藝。除了使用當令海產的無菜單握壽司外，也能配合預算做出菜單上沒有的小菜。如果想盡情品嘗小樽的海鮮，千萬別錯過老闆的推薦全餐10000日圓～。

☎0134-23-7925　MAP 附錄正面③B4
🏠小樽市花園1-9-18　🚃JR小樽站步行10分
🕐11:30～14:00LO、17:00～21:00LO（週日、假日會提前）　🈺週三　🪑15　🅿3輛

1 共有14貫壽司的無菜單握壽司5000日圓 2 無菜單小菜的內容每天皆不同 3 能直接與師傅聊天的吧檯座很受歡迎。最晚於_日前接受預約

(小樽運河周邊)

すしこう
すし耕

能輕鬆享用到小樽近海及北海道內各地捕獲的當令海鮮，價格皆有清楚標示，吃起來不會有壓力。壽司1貫100日圓～，可自由挑選食材的原創蓋飯約2000日圓，也相當有人氣。使用了10種以上推薦食材的木桶散壽司3564日圓氣勢驚人！

☎0134-21-5678 MAP附錄正面③B2
🏠小樽市色內2-2-6 ‼JR小樽站步行10分 🕐12:00～20:30LO 🈺週三（逢假日則翌日休）📮30 🅿6輛

1 可挑選自己喜歡的食材製作的原創蓋飯，也能做成大碗或迷你尺寸 2 能吃到鮭魚卵及海膽等，共有11貫壽司的和套餐2700日圓 3 店鋪是運河附近的石造倉庫整修而成

(小樽站周邊)

おたる にほんばし
おたる 日本橋

位於壽司店聚集的「小樽寿司屋通り」內的人氣店。擺盤及服務皆深受好評，天然新鮮食材製作的握壽司8貫1404日圓～，超值價格也極富吸引力。除了大方使用各種當令海鮮的無菜單握壽司5184日圓外，還有烤物、蒸物等料理。

☎0134-33-3773 MAP附錄正面③B3
🏠小樽市稲穗1-1-4 ‼JR小樽站步行8分 🕐11:00～15:00、17:00～21:00LO 🈺不定休 📮115 🅿有契約停車場

1 集合了北海道內各地食材的小樽握壽司3240日圓 2 小樽土瓶蒸1404日圓是放入了牡丹蝦及螃蟹的豪華海鮮土瓶蒸 3 店面共有3層樓，十分寬敞

GOURMET GUIDE

▶━◀

在懷舊咖啡廳小歇片刻
讓和洋甜點帶來美好時光

若來到小樽運河及堺町通散步，一定要順便去懷舊咖啡廳坐坐。
滋味令人懷念的和洋甜點，與別具韻味的建築物一樣讓人放鬆，為心靈帶來片刻寧靜。

COMMENTED BY 竹島繪美子 EDITOR

〔小樽站周邊〕

あいすくりームぱーらーみその
アイスクリームパーラー美園

大正8年（1919）率先於北海道製造與販賣冰淇淋、歷史悠久的店家。冰淇淋使用北海道產雞蛋及鮮乳、純正金合歡蜜，一直維持著與創業時相同的味道。也很推薦外帶冰淇淋最中餅173日圓～。

☎0134-22-9043 附錄正面③B3
🏠小樽市稻穗2-12-15 🚶JR小樽站步行3分 🕐10:30～20:00LO 休週二 ㊟48 Ｐ無（僅5～11月有）

1 後勁清爽的霜淇淋480日圓 2 冰淇淋聖代680日圓 3 店內散發昭和時代風情

1 天鵝絨沙發讓人印象深刻 2 醬油冰淇淋紅豆聖代（M）690日圓，（S）為500日圓 3 味噌冰淇淋紅豆聖代（S）500日圓

〔小樽站周邊〕

あまとう ほんてん
あまとう 本店

創業於昭和4年（1929），小樽的代表性西點老店，因發售半世紀以上的長青商品「Marron Coron」而聞名。豆沙餡使用的是十勝產紅豆。2F的咖啡廳吃得到紅豆湯470日圓及蛋糕套餐630日圓等。

☎0134-22-3942 附錄正面③B3
🏠小樽市稻穗2-16-18 🚶JR小樽站步行5分 🕐10:00～19:00（咖啡廳為10:30～）休週四 ㊟90 Ｐ8輛

北運河

ぷれすかふぇ
PRESSCAFE

將從前面向北運河的倉庫重新整修而成的店面，
完美保留了當時建築的天花板及屋樑。提供咖
哩及義大利麵等餐點，附沙拉與飲料、甜點的
平日限定午間套餐890日圓～。

☎0134-24-8028 MAP附錄正面③B1
🏠小樽市色内3-3-21 🚶JR小樽站步行15分 🕐11:30～
21:30 休無休 席32 P10輛

❶

❶

❷

❸

1 店內白色與棕色的搭配十分高雅 2 從玻璃窗可望見運河景
色 3 抹茶起司蛋糕套餐830日圓

❷ ❸

1 店內仍保留著古老的窗櫃 2 店面是屋齡100多年的老屋翻
修而成 3 寒天及白玉都是手工製作。冰淇淋蜜豆790日圓

堺町通

さかいや
さかい家

店面是翻修明治38年（1905）興建的商店建築
而成，內部呈現復古摩登風格。大正時代的保
險箱變身而成的書架與磨得光亮的地板等充滿
情調。堅持手工製作的日式甜點為店內招牌，
除了紅豆湯680日圓及蜜豆外，也有販賣輕食。

☎0134-29-0105 MAP附錄正面③D3
🏠小樽市堺町4-4 🚶JR小樽站步行15分
🕐10:00～19:00（10月～4月底為～18:00） 休不定休（10
月～4月底為週四） 席40 P無

高水準甜點天堂
來到小樽果然就是要去LeTAO！

堺町通沿路上有4家店鋪的LeTAO是來到小樽不可錯過的甜點店。
除了超經典的「雙層起司蛋糕」外，還有各式各樣讓人心花怒放的甜點。

COMMENTED BY 竹島繪美子 EDITOR

1 童話風格的外觀很好認　2 本店的咖啡廳限定，LeTAO精選1404日圓附咖啡或紅茶。圖為示意 3 窗外就是童話十字路口

(堺町通)

おたるようがしほ るたおほんてん
小樽洋菓子舖 LeTAO本店

在 "親愛的小樽之塔"
度過幸福甜點時間

將代表「小樽親愛之塔」之意的法文「La Tour Amitie Otaru」取第一個字母，組合成帶有對小樽濃厚情感的店名。位於童話十字路口旁的本店1F為商店，2F為咖啡廳。

☎0134-40-5480　MAP 附錄正面③D4
🏠小樽市堺町7-16　🚶JR小樽站步行20分，JR南小樽站步行8分　🕘9:00～18:00(有季節性變動，咖啡廳為30分前LO)　休無休　席約65　P有契約停車場

SOUVENIRS

Royale Montagne巧克力
9個裝　648日圓　15個裝　1080日圓

紅茶香氣遍布口內，口味具有深度的巧克力
※PATHOS僅販賣9個裝

Lait d'or mou瑞士捲
1條　1620日圓

將北海道產澤西牛乳與馬斯卡彭起司做成
的奶油，捲入鬆軟蛋糕做成的瑞士捲

雙層起司蛋糕
1個　1728日圓

由生起司蛋糕與烤起司蛋糕組成的雙層起司
蛋糕。在口中會像雪花般融化

Niagara Chocolat Blanc Frais白巧克力
10個裝　864日圓

加入了尼加拉葡萄酒的白巧克力，帶有微微
葡萄香

PETIT CARRÉ巧克力夾心餅乾
6片裝　432日圓

貓舌餅乾中間夾著巧克力，有藍莓果等5
種口味

Premier maalu 牛奶巧克力脆片
8個裝　1296日圓

可享受到酥脆口感的巧克力脆片，加入了2
種杏仁，更添濃厚滋味

─── 這 些 地 方 也 買 得 到！ ───

るたお ぷらす
LeTAO PLUS

有豐富的外帶甜點，也設有內用空
間。LeTAO PLUS限定冰淇淋聖代及
冬季限定的巧克力飲品都很有人氣。

☎0134-31-6800　**MAP** 附錄正面③D4
🏠小樽市堺町5-22　🚶JR小樽站步行18
分，JR南小樽站步行10分　🕐9:00～18:00
（有季節性變動）　🈺無休　🅿約10　🅿有契
約停車場

るたお ぱとす
LeTAO PATHOS

1F為商店及內用空間，2F為咖啡廳
的大型店鋪。咖啡廳除了甜點外，也
吃得到北海道產食材製作的午餐。

☎0134-31-4500　**MAP** 附錄正面③D4
🏠小樽市堺町5-22　🚶JR小樽站步行18
分，JR南小樽站步行10分　🕐9:00～
18:00（有季節性變動，咖啡廳為10:00
～）　🈺無休　🅿約80　🅿有契約停車場

るたお る しょこら
LeTAO le chocolat

獨家的巧克力專賣店，隨時提供50
種以上使用自全世界蒐集而來的素材
製作的巧克力。其中約有20種是店
面限定品。

☎0134-31-4511　**MAP** 附錄正面③D4
🏠小樽市堺町4-19　🚶JR小樽站步行18
分，JR南小樽站步行10分　🕐9:00～18:00
（有季節性變動）　🈺無休
🅿有契約停車場

ANKAKE YAKISOBA

在徹底翻炒過的麵條上淋上大量芶芡的「小樽芶芡什錦炒麵」。小樽近郊有100家以上餐廳提供這道料理，不只是中華料理店或食堂，連澡堂的餐廳及百貨公司也吃得到，小樽市民喜愛的程度可見一斑。2012年還成立了「小樽芶芡什錦炒麵親衛隊」，進行這項道地美食直傳小樽觀光的活動。

小樽芶芡什錦炒麵每天都有新的變化。讓思緒回到昭和時代，一邊品嘗一下這道在地美食吧。

CHECK

小樽名產
芶芡什錦炒麵

在昭和30年代，假日去百貨公司買完東西後，吃個芶芡什錦炒麵再回家是一種「時髦」，當時蔚為流行。芶芡什錦炒麵到了現在仍然深受喜愛，深植當地人心中。

麵條焦黃香脆
芶芡什錦炒麵使用的是以較多的油煎至香脆的麵條。在不同的店家吃，口感也會有所不同。

每家店的配料五花八門
蔬菜加上豬肉、蝦子及花枝等海鮮類，配料給得很大方。從使用的配料也能看出每家店的個性。

運用了3種佐料
許多店都會加上紅薑與黃芥末。淋上醋一起享用也很美味。

大量&濃稠的芶芡
芶芡與一般相比較為濃稠。調味以醬油味為主流，也有店家提供鹽味、味噌味等選擇。

市民
熱愛的
人氣店家

SHOP DATA

小樽ニュー三幸 本店

☎0134-33-3500 MAP 附錄正面③B3
🏠小樽市稻穗1-3-6 🚃JR小樽站步行7分
🕐11:30～21:30 🈺無休 🈳150 🅿20輛

ら～麵京や

☎0134-27-0036 MAP 附錄正面③B2
🏠小樽市稻穗3-4 15 🚃JR小樽站步行5分
🕐11:30～23:00 🈺週一 🈳22 🅿5輛

WELCOME TO
ASAHIYAMA-DŌBUTSUEN FURANO BIEI

現在最想一探究竟的旭山動物園 富良野 美瑛觀光

動物們的野生本能一覽無遺?!
把握旭山動物園的ONLY ONE展示

旭山動物園有許多獨一無二的絕讚展示！
先做功課規劃好想看什麼動物，要怎麼逛，更能充分體驗這裡的魅力喔。

COMMENTED BY 佐佐木由美 WRITER

───── 旭川 ─────

あさひかわしあさひやまどうぶつえん

旭川市旭山動物園

充滿巧思的展示方式
打造出紅遍全國的動物園

旭山動物園成立於昭和42年（1967），佔地約15.2萬㎡的園內飼養了約120種、640隻的動物。雖然曾一度因遊客減少而面臨關閉危機，但飼育展示員共同構想出了讓遊客能在眼前觀察到野生動物原有生態及能力的「行動展示」、「共生展示」及「餵食秀」等，成功引起話題，讓這裡變成了每年約有160萬人造訪的人氣動物園。

☎0166-36-1104 MAP 附錄背面⑥I2
🚹旭川市東旭川倉沼11-18 ◐入園820日圓（國中生以下免費）🅿700個免費停車位，另有許多民營收費停車場

【營業時間・休園日】
＜夏季＞
2016年4月29日～10月15日
◐9:30～17:15（最終入園為～16:00）
2016年10月16日～11月3日
◐9:30～16:30（最終入園為～16:00）
＜冬季＞
2016年11月11日～2017年4月9日
◐10:30～15:30（最終入園為～15:00）
＜休園日＞
2016年4月8～28日、11月4～10日、12月30日～2017年1月1日
【交通方式】
●從JR旭川站
＜巴士＞旭川電氣軌道巴士往旭山動物園方向40分，旭山動物園下車即到
＜開車＞經一般道路、國道39號、道道140號11km
●從旭川機場
＜巴士＞旭川電氣軌道巴士往旭山動物園方向35分，旭山動物園下車即到
＜開車＞經道道37、295號等14km

參觀時間約
180分

搭乘特急旭山動物園號前往更有樂趣♪

特級列車旭山動物園號行駛於札幌站與旭川站間，車程約1小時40分。車體上彩繪了動物圖案，車內還有動物造型的座椅等各種驚喜設計。◐全車為對號座，一般期間單程車資含劃位、特急費用4810日圓 ◐1日往返各1班 休配合黃金週及長假行駛。行駛時刻表需上網站確認。

也有札幌站出發的來回車票搭配入園券的套票（→P135）。

WHAT'S "ASAHIYAMA-ZOO"?

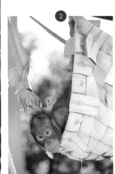

1 北極熊是來旭山動物園的必看動物。好好觀察牠緩緩走路的樣子吧

2 紅毛猩猩及黑猩猩等類人猿的一舉一動百看不厭

3 雖然飛不起來，但企鵝在水中可是身手矯健，樣子帥極了！

4 看到猛獸放鬆的樣子讓人不禁會心一笑。在這裡能近距離看到野生的動物王者們

SOUVENIR

在園內商店挑選伴手禮

園內4間商店不僅買得到官方商品，
還有各種可愛商品，是伴手禮的好選擇。

**阿部弘士
手機吊飾**
各570日圓

以旭川出身的繪本作家阿部弘士筆下的動物為造型的木製手機吊飾

旭山動物園好朋友餅乾
1盒12片裝 540日圓

可以看到海豹及北極熊露出開心笑容，可愛的動物造型餅乾

**旭山動物園
水豚筷架**
1個390日圓

以陶藝黏土手工製作的筷架，慵懶的表情很有魅力

拜訪人氣動物的家！

帶你去看旭山動物園10種人氣動物的家！
充滿活力的動物們帶來療癒與感動。

Ⓐ北極熊館

從水中優雅的泳姿到陸地上威猛的步行姿態，在這裡能觀察到北極熊的各種舉動。大水槽及室外飼育場2處都有進行展示，如果想看北極熊著名的潛水英姿，就別錯過餵食秀時間。

（上圖）進入建築物後左手邊就是大水槽，可看見北極熊在餵食秀時潛水捕魚的樣子（左圖）在室外飼育場可以好好觀察在陸地上的樣子

海豹館
有圓柱形水槽MARINE WAY及最大深度6m的大水槽、室外飼育場

C
企鵝館
飼養了體型較大的國王企鵝等4種企鵝，水中隧道不可錯過

D
長頸鹿舍、河馬館
河馬館能看到河馬在水池裡游泳的樣子，可近距離觀察長頸鹿的長頸鹿舍也在旁邊

E
猛獸區
飼養了瀕臨絕種的雪豹及西伯利亞虎、北海道棕熊等6種猛獸

F
黑猩猩森林
黑猩猩館
可以從室外飼育場及空橋觀察黑猩猩活潑的樣子

G
小獸區
小貓熊走過吊橋的樣子非常討喜。這裡還有豪豬及雲豹等

H
蝦夷鹿森林
野狼森林
以100年前的北海道森林為構想，展示東加拿大狼與蝦夷鹿

紅毛猩猩舍
紅毛猩猩館
紅毛猩猩在離地17m的繩索間擺盪的姿態震撼力十足！開闊的室內飼育場也值得一看

蜘蛛猴・
水豚館
兩種動物皆棲息於中南美洲，因此飼育在同一個空間，可以看見牠們一起吃東西的樣子

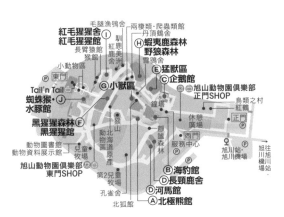

121

讓旭山動物園之旅更好玩的
3個重點提示

就這樣錯過的話太可惜了！
造訪旭山動物園前的必做功課！

GUIDE ONE

HINTS -貼心小提醒-

由於旭山動物園佔地遼闊，建議先安排好參觀
計劃，這樣可以玩得更盡興。

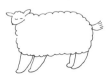

▌什麼季節去最好？

由於冬季氣溫會下降至接近零下20度，有部分設施無法參觀，如果是第一次來，建議挑選夏天。不過，冬天來的話，則能看到企鵝等寒帶動物生氣勃勃的樣子。春季、秋季會有長期休園，建議造訪前先做確認。

▌請記得參觀禮儀

動物都有固定的餵食時間，因此嚴禁擅自餵食動物。另外，拍照時應關閉閃光燈，以免傷害動物的眼睛。人多時請與其他遊客互相禮讓，維持愉快心情。

▌應該停留多久？

想看完所有動物的話，最少要花3小時。如果希望看得仔細點，則要再多1～2小時。若想參加長度10～20分的餵食秀及其他活動，建議安排在這裡一整天。由於暑假等旺季人潮眾多，最好多留些緩衝時間。

▌怎樣才能逛得有效率？

旭山動物園有3個入口，旭川站出發的公車抵達的是正門。不論從哪個入口入園，逆時針方向走都是比較有效率的逛法。先從佈告欄確認餵食秀的時間，排好參觀的優先順序會更好。最有人氣的北極熊館及海豹館靠近西門。

▌園內巴士資訊

由於園內有許多坡道，通往東門的陡坡有東門接駁巴士來回行駛（免費），供遊客搭乘，可善加利用。另外還有年長者、身障人士專用的銀髮族接駁巴士。

**東門
接駁巴士**

間隔10分發車，
行駛於東門～蜘蛛
猴・水豚館間

GUIDE TWO

KEYWORDS
-4個關鍵字-

旭山動物園獨一無二的絕讚展示是靠著4個關鍵字打造出來的，園內各處都能發現這些關鍵字的蹤跡，參觀時不妨留意看看，會更有樂趣。

■ 行動展示

這是旭山動物園所特有，讓動物徹底展現野生能力的展示方式。完全透明的水中隧道及室內外飼育場等各個設施都充滿了巧思。

小貓熊正走過搖搖晃晃的吊橋

■ 共生展示

於同一設施或相鄰設施展示在大自然中棲息地相同的動物，藉此營造出類似野生環境的緊張感，讓動物湧現原有的生命力。

生活圈與海豹相同的黑尾鷗

■ 餵食秀

一邊聽飼育人員解說，一邊觀看動物吃東西的樣子。餵食時間請確認旭山動物園網站或佈告欄。

國王企鵝的餵食秀

■ 手繪看板

各動物展示區都有飼育展示人員親手繪製的說明看板，有動物的分布及特徵等豐富內容。

越讀越有意思的北極熊館說明看板

GUIDE THREE

EVENTS
-當日限定活動-

旭山動物園還會舉辦各種活動，讓遊客有機會看到動物們有別於平時的樣貌。由於活動都是當日限定，建議事先查好再參加。

■ 單點導覽

飼育展示人員會詳細解說動物的生態及飼料內容。每次的主題及地點皆不同，可以透過各入口的佈告欄確認。

全年／每週日、假日
13:30～／不需預約

■ 看遍旭山

能觀察到動物園平時看不見的另一面，全預約制的幕後導覽行程，一團約20～40人。

全年／每月約2次／需預約
※詳情請上網站確認

■ 夜間動物園

開放時間延長至21:00，能觀察動物們在夜晚的樣子。或許還有機會看到夜行性動物活蹦亂跳的珍貴景象。

2016年8月中旬（預定）／不需預約

■ 冬季夜間動物園

期間內會延長開放時間，能看到動物們在冬夜的獨特樣貌。參觀區域內還會以手工冰蠟燭裝飾。

2017年2月上旬（預定）／不需預約

走訪花田與電視外景地
在連接美瑛～富良野的花人街道來趟兜風之旅

美瑛&富良野地區不但有浪漫的花田風景，許多地方還是電視劇的外景地。
租車自駕是走訪不同花園的便利好選擇。

COMMENTED BY 竹島繪美子 EDITOR

四季彩之丘的繽紛花帶連綿到
山丘的另一邊

是這樣的地方

Start

JR美瑛站

はなびとかいどう
花人街道

沿途滿是閒適風景與繽紛花田
美不勝收的兜風路線

連接旭川～占冠的國道237號通稱「花人街道」，在美瑛～富良野間有許多花田。由於這個地區十分遼闊，建議租車自駕或搭乘觀光計程車。從札幌出發雖然能當天來回，但如果在規劃行程時能安排在富良野或旭川住宿，可以更悠閒地兜風。

☎0167-23-3388（富良野觀光協會）　☎0166-92-4378（美瑛町觀光協會）　MAP附錄正面④·背面⑤
🚃旭川站搭乘JR富良野線35分，美瑛站下車。美瑛站搭乘JR富良野線至富良野站40分

かんのふぁーむ
かんの農場

位於國道237號沿線美馬牛峠的花田。薰衣草、油菜花、金魚草等園內花朵全都是工作人員親手種植。這裡也有販賣自家栽種蔬菜及花苗的商店。

國道沿線抬頭便可望見花田

☎0167-45-9528　🏠上富良野町西12線北36号美馬牛峠　🚃JR美瑛站車程10分　💰入園免費　🕘9:00～18:00　🚫開放期間內無休（10月中旬～6月上旬休園）　🅿100輛

❶

❷

❷
しきさいのおか
四季彩之丘

美瑛地區規模最大的花田，總面積約15萬㎡。春到秋季會有魯冰花及大麗菊等約30種花朵開花。這裡還有羊駝牧場及餐廳等設施。

1 可從位於小山丘上的花田環顧四周景色 2 羊駝牧場（¥入場500日圓）

☎0166-95-2758　**MAP** 附錄背面⑥I3
🏠美瑛町新星第3　🚶JR美馬牛站車程5分　¥入園免費（設有希望1人捐款約200日圓清潔費之募款箱）　🕘8:30～18:00（有季節性變動）　🚫無休
🅿1000輛

❸
ふらわーらんどかみふらの
Flower land Kamifurano

位於將富良野盆地盡收眼底的山丘上，約15萬㎡的佔地內有近300種季節花朵。有能將乾燥花裝進小袋的花香袋製作600日圓，及壓花明信片製作600日圓等豐富體驗課程。

行駛於園內，車程10分的牽引機巴士（¥500日圓）也很有人氣

☎0167-45-9480　**MAP** 附錄背面⑥I3・4
🏠上富良野町西5線北27号　🚶JR上富良野站車程10分　¥入園免費　🕘9:00～18:00（有季節性變動）　🚫12月20日～1月15日　🅿500輛

❹
さいかのさと
彩香之里

種植8種開花期各異、共約14萬株的薰衣草，在不同期間皆能欣賞到。園內商店有販賣乾燥花500日圓等薰衣草的原創商品。

位於俯瞰富良野盆地的山坡上

☎090-3773-3574
MAP 附錄正面④B1
🏠中富良野町丘町6-1　🚶JR中富良野站車程10分　¥入園免費　🕘8:00～17:00　🚫開放期間內無休（10～5月休園）　🅿150輛

Goal

〔 JR富良野站 〕

❺
かぜのがーでん
風之花園

為拍攝倉本聰編劇的同名戲劇而建造的英式庭園。可看到劇中出現過的綠屋，並有商店販賣戲劇周邊商品。

1 ☎0167-22-1111（新富良野王子大飯店）
MAP 附錄正面④A4　🏠富良野市中御料　🚶JR富良野站車程10分，新富良野王子大飯店前接待處接送車3分　¥入園800日圓　🕘8:00～18:00（最終受理～17:30，有季節性、天候變動）　🚫無休（10月中旬～4月下旬休園）　🅿新富良野王子大飯店390輛

1 園內有365種、2萬株花朵相綻放 2 可進入綠屋內參觀

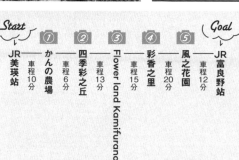

Start
① かんの農場
② 四季彩之丘
③ Flower land Kamifurano
④ 彩香之里
⑤ 風之花園
Goal

JR美瑛站 ─車程10分─ かんの農場 ─車程6分─ 四季彩之丘 ─車程13分─ Flower land Kamifurano ─車程15分─ 彩香之里 ─車程20分─ 風之花園 ─車程12分─ JR富良野站

薰衣草花田的代名詞！
在富田農場置身紫色花海中

鮮艷的紫色薰衣草花田是代表北海道的絕景之一。
這幅美景只有在7月上旬～下旬看得到，難能可貴的季節限定風景讓感動加倍。

COMMENTED BY 竹島繪美子 EDITOR

(富良野)

ふぁーむとみた
富田農場

坐擁7座花田的
廣大農場

每年約有100萬人造訪，富良野最具代表性的薰衣草園。總面積約15萬㎡的廣大佔地內有7座花田，5月下旬～10上旬都可欣賞到當季花朵。農場內有可參觀精油及香水製造過程的「香水之舍」，販賣薰衣草產品的商店、能吃到薰衣草甜點的咖啡廳及餐廳等各項設施。

參觀時間約
60分

☎0167-39-3939　MAP 附錄正面④B1
🏠JR中富良野站車程5分（僅夏季臨時停車的JR薰衣草田站步行7分）　💰入園免費
🕐8:30～18:00（5·6·9月為～17:00、10·11月為9:00～16:30、12～4月為9:30～16:30）　😴無休（因設施而異）　🅿約280輛

傳統薰衣草花田

從昭和33年（1958）栽種至今，是農場內歷史最久的薰衣草花田。這裡種有濃紫早咲、はなもいわ、おかむらさき等3個品種，7月上旬～中旬的最佳賞花期會將約1萬㎡的山坡染成一片紫色花海。

從春到秋季的漫長期間都持續有花盛開的「花人之田」

WHAT'S "FARM TOMITA?"

❶ 彩色花田

約4萬㎡的花田內有薰衣草、罌粟花、繡絲花等7種色彩的花朵盛開於和緩的山丘上，描繪出美麗花帶。從「森林之舍」展望平台可眺望花田全景

❷ 倖之花田

種植了4種薰衣草，位於農場正中央的花田。不同品種在色彩上有著細微差異，花期也有所不同，在約1萬3000㎡的佔地呈現漸層畫般的風貌

❸ 森林彩色花田

位於「彩色花田」後方，森林圍繞的斜坡上種植了薰衣草及罌粟花等，花朵與周圍針葉樹的綠色形成美麗對比

SOUVENIR

把薰衣草香氣帶回家

要不要買些使用天然薰衣草精華製作的伴手禮，讓日常生活中也充滿薰衣草的清爽香氣呢？農場內的商店提供了各式薰衣草商品。

花草香水
PETIT COLOGNE
30ml　1620日圓

富田農場最受歡迎的香水，在薰衣草基調上增添了薄荷與柑橘類香味

薰衣草透明香皂
540日圓

使用薰衣草精油製作，具高保濕效果，搓出的泡泡十分溫和

薰衣草香袋
432日圓

裝有乾燥薰衣草花粒，讓周圍充滿芬芳香氣

GOURMET GUIDE

品嘗大地恩澤的最佳選擇！
富良野&美瑛的蔬菜餐廳

前往堅持使用在地新鮮食材的餐廳，享用一道道以蔬菜為主角的料理。
再加上清新空氣與祥和的風景，交織成極致北海道饗宴。

COMMENTED BY 佐佐木由美 WRITER

（ 美瑛 ）

れすとらん びぶれ

Restaurant bi.blé

在美瑛風景的陪伴下
享用在地蔬菜製作的料理

以美瑛產當令蔬菜帶來視覺、味覺雙重饗宴
的法國料理餐廳。在眺望美瑛山丘的同時，
還能享用這片山丘帶來的大地恩澤。附設的
麵包店提供以北海道產小麥製作的麵包，可
外帶。

☎0166-92-8100
MAP附錄背面⑤K1 ▲美瑛町北瑛
第2(舊北瑛小學校) ♪♪JR美瑛站
車程10分 ●11:00～15:00LO、
17:30～19:30LO(冬季會提前)
休週二(7、8月無休，冬季僅週
五～週日、假日營業) 席40
P20輛

SHOP DATA

1 共6道菜的午餐全餐2860日圓
2 綠色外牆與周圍風景十分相襯
3 透過窗戶可將山丘美景盡收眼底
4 還能購買柴窯烤出來的麵包

1 寬敞的店內可望見農田及群山 2 使用柔嫩鮮甜的的和牛製作，燉富良野產和牛醬汁義大利麵1600日圓

（ 富良野 ）

はる かふぇ

halu CAFÉ

位於富良野清水山的山腰，由宮本夫婦經營的咖啡廳。提供使用富良野周邊採收的蔬菜及富良野產和牛誠心製作的料理。德式鐵鍋鬆餅900日圓～也是人氣餐點。

☎0167-22-1266　MAP附錄正面④A2
🏠富良野市西学田二区　🚶JR富良野站車程15分
🕐10:00～日落（6～8月為～17:00LO）※7月下旬～8月下旬早晨亦有營業8:00～　🈺週一（逢假日則營業，需洽詢，11～3月為週一、週二）　🈺30
Ｐ15輛

1 店內為挑高設計,空間開闊 2 能透過多蜜醬品嘗到美瑛和牛的燉牛肉套餐1680日圓

（ 美瑛 ）

ふぁーむれすとらんちよだ

ファームレストラン千代田

在飼料中加入酒糟生酵母飼養美瑛和牛的「千代田農場」直營的餐廳。燉牛肉或牛排套餐2680日圓～等可品嘗到多汁鮮美的和牛。

☎0166-92-1718　MAP附錄背面⑤L3
🏠美瑛町春日台4221　🚶JR美瑛站車程10分
🕐11:00～20:00（11～5月為～18:00LO）　🈺無休
🈺240　Ｐ無

1 陽光照進店內，打造出明亮空間 2 放了滿滿蔬菜及上富良野豬肉的「BUTA-DON」1300日圓

（ 富良野近郊 ）

かんとりーきっちん しっとここ

Country Kitchen shitto coco

位於小公園一隅，有著紅色屋頂的獨棟餐廳，店內有2層樓。大量使用上富良野品牌豬肉及近郊蔬菜，提供堅持在地食材製作的餐點。

☎0167-45-6627　MAP附錄背面⑥I4
🏠上富良野町東7線北18号東中公園內　🚶JR上富良野站車程20分　🕐11:00～16:00LO　🈺週二
🈺30　Ｐ10輛

前往2大人氣市場
將富良野、美瑛的在地好滋味帶回家

田園景色四處可見的富良野、美瑛是北海道最重要的穀倉。
集結了各種大地恩澤做成的人氣商品是伴手禮的好選擇。

COMMENTED BY 佐佐木由美 WRITER

富良野融雪
起司蛋糕
1個　1296日圓

鮮奶油層與起司奶油層
搭配底部的山葡萄果醬
打造出絕妙滋味

富良野
蜂蜜甜甜圈
1個　180日圓

使用當地產蜂蜜，口感濕潤的烤甜
甜圈。有原味及抹茶等5種口味

富良野
蕃茄醬
400g　926日圓

濃縮了約14個成熟蕃茄製作而
成，FURANO MARCHE限定

富良野果醬
左 草莓　右 哈密瓜
各140g　648日圓

使用當地產水果及蔬菜製作的
手工果醬，產品有20種以上

富良野之森餅乾
6個裝　各400日圓

100%使用北海道產小麥製作，有
富良野起司、富良野奶油、黑芝麻
等5種口味

［富良野］

ふらのまるしぇ
FURANO MARCHE

由物產中心的「ARGENT」、農產品直銷處的
「HOGAR」、甜點咖啡廳「SABOR」與外帶
商店「FURADISH」組成的設施。緊鄰
FURANO MARCHE的FURANO MARCHE 2
也於2015年6月開幕。

☎0167-22-1001　MAP附錄正面④A3
🏠富良野市幸町13-1　🚃JR富良野站步行7分
🕙10:00～19:00(夏季為9:00～)　🈵11月28～12
月2日　🅿131輛

Now pea
8個裝　617日圓

以最中餅的餅皮包住納
豆做成的點心。在富良
野是小學營養午餐也會
出現的招牌零嘴

紅豆
60g 260日圓

冷凍乾燥紅豆，不論直接當成零嘴吃或用作甜點材料都美味

牛奶塊
50g 260日圓

以特殊製法冷凍乾燥的鮮乳，入口即化，微微帶有溫和的甜味

美瑛法國麵包脆餅
12片裝 775日圓

美瑛產小麥做成的法國麵包脆餅，帶有濃濃澤西牛鮮乳與奶油味

奶油馬鈴薯米果
160g 390日圓

使用美瑛產馬鈴薯，奶油馬鈴薯口味的米果。另有烤玉米口味

美瑛果醬
130g 710日圓～

以珍貴北海道產素材做成的果醬，左起依序為野櫻莓、櫻桃、藍靛果

美瑛紅豆麵包
1個 215日圓

使用100%美瑛小麥製作。薄薄的外皮內包滿了美瑛紅豆做成，為甜度較低的紅豆餡

（ 美瑛 ）

びえいせんか
美瑛選果

JA美瑛的特產直銷商店，由販賣產地直送蔬菜及米等的「選果市場」、提供輕食內用&外帶的「選果工房」、販賣美瑛產小麥烤麵包的「美瑛小麥工房」與餐廳「RESTAURANT・ASPERGES」所構成。

☎0166-92-4400 **MAP**附錄背面⑤L2
🏠美瑛町大町2 🚃JR美瑛站步行10分 🕐休因設施而異 Ⓟ66輛

美瑛藍靛果酒（甜）
720ml 1730日圓

以美瑛產藍靛果製作，口味甘甜，酒精度數為7%。也有甜度較低的款式

GOOD TO SLEEP

安心住宿指南

ほてるけいはんさっぽろ

HOTEL KEIHAN SAPPORO

位於JR札幌站旁，地點便利，特色是附設使用負離子水的大澡堂。有各種類型的客房，供旅客依人數及目的挑選。提供50種以上日式、西式菜色的自助式早餐1400日圓深受好評。

飯店建築14層樓高，位於JR札幌站西口。標準雙床房床鋪寬敞，室內有22㎡

☎011-758-0321 ᴍᴬᴾ 附錄正面②B2
🏠札幌市北6西6-1-9 🚉JR札幌站步行4分 ¥單人房6000日圓～、雙床房9000日圓～ ⏰IN15:00/OUT11:00 🅿20輛（1晚1000日圓）

ほてるおーくらさっぽろ

札幌大倉酒店

客房為北歐摩登風格，使用自然素材製作的高雅家具，搭配柔和色彩。充滿高級感的飯店內部及細心的待客服務深受好評。飯店的日、西、中式等三間餐廳也各具魅力。

☎011-221-2333 ᴍᴬᴾ 附錄正面②C5
🏠札幌市中央区南1西5-9 🚉地下鐵大通站3號出口即到 ¥單人房9500日圓～（附早餐）、雙床房14000日圓～（附早餐）⏰IN13:00/OUT12:00 🅿有契約停車場（1晚1500日圓）

ほてるダブリュウビエフさっぽろちゅおう

WBF札幌中央飯店

前往薄野及大通公園非常方便，不用煩惱觀光及用餐問題。1個人也能入住雙人房，雙床房有29㎡，天花板也經過挑高，空間開闊。約40種以上菜色的早餐1200日圓很受歡迎。設有價格實惠的義大利餐廳及咖啡廳等。

有12間雙人房、59間雙床房、家庭房7間，另外還有和室與套房各1間

☎011-290-3000 ᴍᴬᴾ 附錄正面②D5
🏠札幌市中央区南2西1-2-2 🚉地下鐵大通站35號出口即到 ¥雙床房5510日圓～ ⏰IN15:00/OUT11:00 🅿有契約停車場（1晚1200日圓）

ろいとんさっぽろ

龍伊頓札幌大飯店

1F的「CAFÉ・TRIANON」挑高至4F，營造出自然光灑落的開闊空間。提供早餐1900日圓，也可以在這裡悠閒地喝咖啡、享用下午茶。飯店內另外還有爵士樂酒吧、餐廳、健身房等。

雙床房面積達30㎡，也可一人入住

☎011-271-2711 ᴍᴬᴾ 附錄正面①B2
🏠札幌市中央区北1西11 🚉地下鐵東西線第11丁目站1號出口步行3分 ¥單人房23000日圓～、雙床房32000日圓～ ⏰IN14:00/OUT11:00 🅿220輛（1晚1000日圓）

薄野

めるきゅーるほてるさっぽろ
札幌美居酒店

雖然位於熱鬧的薄野地區，卻提供高隔音性的寧靜客房與舒適的席夢思床鋪，讓旅客消除旅途疲憊。吃得到自製可頌及法式餐點、起司、當令彩色蔬菜的豐盛早餐1980日圓很有口碑。

所有客房禁菸並備有Wi-Fi。餐廳「ボルドー」也很有人氣

☎011-513-1100 MAP附錄正面②D6 ♠札幌市中央區南4西2-2-4 ♥地下鐵南北線薄野站3號出口到 ♥標準雙床房12500日圓～(附早餐) ●IN14:00/OUT11:00 ●有特約停車場(1晚1200日圓)

薄野

うぉーたーまーくほてるさっぽろ
札幌華德馬飯店

客房的浴室與廁所分離，並設有獨立洗臉台。浴室空間寬敞，在浴缸外能自在沖洗身體。房間內附辦公桌，並使用席夢思床鋪。

☎011-233-3151 MAP附錄正面②C6 ♠札幌市中央區南3西5-16 ♥地下鐵南北線薄野站2號出口步行5分 ♥單人房6100日圓～(附早餐)、雙床房10200日圓～(附早餐) ●IN14:00/OUT 11:00 ●有契約停車場(1晚1250日圓)

創成川周邊

いびすすたいるずさっぽろ
ibis STYLES SAPPORO

位於薄野往中島公園的方向，從薄野步行即可到達，但環境寧靜。飯店共有278間客房，以4種不同概念裝潢，面積皆在30㎡以上，十分寬敞。提供日、西式的自助式吃到飽早餐。

☎011-530-4055 MAP附錄正面②D8 ♠札幌市中央區南8西3-10-10 ♥地下鐵南北線中島公園站1號出口步行3分 ♥雙床房8400日圓～(附早餐)※1人入住7000日圓～(附早餐) ●IN14:00/OUT11:00 ●62輛(1晚1200日圓)

小樽

おーせんとほてるおたる
小樽歐森飯店

飯店位於市中心，交通非常便利。除了能品嘗到特選和牛與小樽素材鐵板燒的餐廳外，還有和・洋食、酒吧、麵包店等豐富餐飲店。早餐2300日圓有自助式洋食與日式定食可挑選。

☎0134-27-8100 MAP附錄正面③B3 ♠小樽市稻穗2-15-1 ♥JR小樽站步行5分 ♥單人房7000日圓～、雙床房12000日圓～(附早餐) ●IN14:00/OUT11:00 ●90輛(1晚1000日圓)

富良野

ふらの なちゅらくす ほてる
FURANO NATULUX HOTEL

裝潢以自然與放鬆為主題，主要使用白色與黑色，十分時尚。飯店設有可享用富良野食材的餐廳及咖啡廳，還有可以做SPA&舒緩的設施。

☎0167-22-1777 MAP附錄正面④A3 ♠富良野市朝日町1-35 ♥JR富良野站即到 ♥雙人房15560日圓～(附早餐)、雙床房17720日圓～(附早餐) ●IN15:00/OUT10:00 ●30輛

美瑛

ほてるらうにーる
Hotel Lavenir

公路休息站「丘のくら」的附設飯店，方便作為觀光時的住宿地。客房以美瑛的紅麥田與新綠為意象，色調沉穩，空間寬敞自在。早餐為免費提供，可吃到剛烤好的麵包及美瑛產蔬菜製作的料理。

☎0166-92-5555 MAP附錄背面⑤L2 ♠美瑛町本町1-9-21 ♥JR美瑛站即到 ♥單人房6000日圓～、雙床房11000日圓～ ●IN15:00/OUT10:00 ●20輛

旭川

あさひかわぐらんどほてる
旭川格蘭德飯店

飯店位於旭川，可在前往旭山動物園及富良野、美瑛觀光時住宿。鄰近旭川車站及鬧區，方便外出用餐。內部融入了歐風設計，十分典雅，曾獲頒旭川市都市景觀獎。也有提供搭配旭山動物園門票的住宿方案。

☎0166-24-2111 MAP附錄背面⑥I2 ♠旭川市6條通9 ♥JR旭川站步行13分 ♥單人房8964日圓～、雙床房16848日圓～ ●IN14:00/OUT11:00 ●105輛(1晚1000日圓)

ACCESS GUIDE

前往札幌的方式

搭乘飛往新千歲機場的飛機是前往札幌最快、最方便的方式。
可以根據出發時間及折扣方案等，挑選最適合自己的交通工具。

各地前往札幌的交通方式

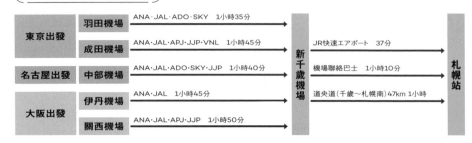

東京出發	羽田機場	ANA·JAL·ADO·SKY 1小時35分		
	成田機場	ANA·JAL·APJ·JJP·VNL 1小時45分		
名古屋出發	中部機場	ANA·JAL·ADO·SKY·JJP 1小時40分	新千歲機場	札幌站
大阪出發	伊丹機場	ANA·JAL 1小時45分		
	關西機場	ANA·JAL·APJ·JJP 1小時50分		

JR快速エアポート 37分
機場聯絡巴士 1小時10分
道央道(千歲～札幌南)47km 1小時

旅行的省錢小秘技

 羽田·中部·關西 ➡
搭乘廉價航空（LCC）

想要便宜搭飛機的話，廉價航空是最佳選擇。目前APJ（樂桃航空）、JJP（捷星航空）、VNL（香草航空）三家航空公司都有飛往新千歲機場的班機。若還有空位的話，即使出發當天也能買到便宜機票。

●搭乘廉價航空前不可不知！
①票價只包括「搭機費用」

廉價航空網站上顯示的價格只是搭機費用，託運行李、指定座位皆須另外加價。到了機場後才辦這些手續的話價格會變貴，建議在上網訂票時就一併辦理。

②建議起飛前1小時以上就要抵達機場

廉價航空在起飛前45～60分就會停止登機，若錯過時間就會無法搭乘，須特別注意。由於廉價航空的登機門常與一般航空位於不同航廈；或即使在同一航廈，搭乘處卻有所不同，因此要記得在起飛前1小時以上抵達機場。

③網路上的票價隨時會變動

廉價航空網站上的票價會隨著訂位狀況而變動，下一次連到網站時票價可能就會不一樣。如果覺得票價夠便宜的話，最好就立刻訂位。

套裝方案（機票+住宿）

航空公司網站（ANA、JAL）會介紹許多機票附飯店住宿的旅遊方案。

套裝方案（搭乘火車來回）

如果想搭乘火車前往，搭配飯店住宿的方案會比較方便且便宜，可以上鐵路公司的網站「えきねっと（JR東日本）」查詢。另外也有去程搭火車、回程搭飛機這類方案。

開車自駕前往北海道

行駛東北道一路北上前往八戶道。之後，建議搭乘八戶～苫小牧的「シルバーフェリー」，可在船上休息。
●シルバーフェリー：7小時15分～8小時30分/未達4～5m轎車25000日圓

洽詢處

全日空
（ANA）
☎0570-029-222

日本航空
（JAL）
☎0570-025-071

AIR DO航空
（ADO）
☎0120-057-333

SKYMARK航空
（SKY）
☎0570-039-283

捷星航空
（JJP）
☎0570-550-538

香草航空
（VNL）
☎0570-6666-03

樂桃航空
（APJ）
☎0570-200-489

シルバーフェリー
☎0178-28-2018

◎行駛於上野～札幌間的JR寢台特急「カシオペア號」因北海道新幹線通車而停止營運

從札幌前往周邊地區

若要前往小樽或旭山動物園所在的旭川，搭乘JR或高速巴士較方便。無論哪項班次都很多，行程安排上較自由。
由於前往美瑛、富良野的火車及巴士班次較少，因此建議租車自駕。

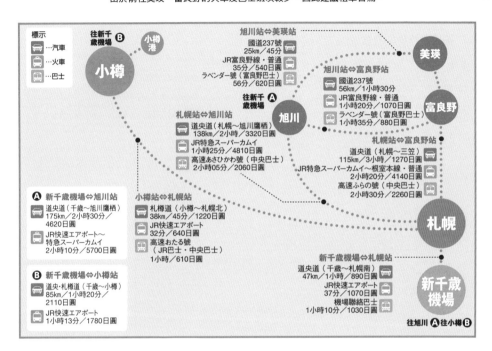

標示
- 🚗 …汽車
- 🚆 …火車
- 🚌 …巴士

往新千歲機場 Ⓑ
小樽港

旭川站⇔美瑛站
🚗 國道237號
25km／45分
🚆 JR富良野線・普通
35分／540日圓
🚌 ラベンダー號（富良野巴士）
56分／620日圓

小樽

美瑛

旭川站⇔富良野站
🚗 國道237號
56km／1小時30分
🚆 JR富良野線・普通
1小時20分／1070日圓
🚌 ラベンダー號（富良野巴士）
1小時35分／880日圓

富良野

往新千歲機場 Ⓐ

旭川

札幌站⇔旭川站
🚗 道央道（札幌～旭川鷹栖）
138km／2小時／3320日圓
🚆 JR特急スーパーカムイ
1小時25分／4810日圓
🚌 高速あさひかわ號（中央巴士）
2小時05分／2060日圓

札幌站⇔富良野站
🚗 道央道（札幌～三笠）
115km／3小時／1270日圓
🚆 JR特急スーパーカムイ～根室本線・普通
2小時20分／4140日圓
🚌 高速ふらの號（中央巴士）
2小時30分／2260日圓

Ⓐ **新千歲機場⇔旭川站**
🚗 道央道（千歲～旭川鷹栖）
175km／2小時30分／
4620日圓
🚆 JR快速エアポート～
特急スーパーカムイ
2小時10分／5700日圓

小樽站⇔札幌站
🚗 札樽道（小樽～札幌北）
38km／45分／1220日圓
🚆 JR快速エアポート
32分／640日圓
🚌 高速おたる號
（JR巴士・中央巴士）
1小時／610日圓

札幌

Ⓑ **新千歲機場⇔小樽站**
🚗 道央・札樽道（千歲～小樽）
85km／1小時20分／
2110日圓
🚆 JR快速エアポート
1小時13分／1780日圓

新千歲機場⇔札幌站
🚗 道央道（千歲～札幌南）
47km／1小時／890日圓
🚆 JR快速エアポート
37分／1070日圓
🚌 機場聯絡巴士
1小時10分／1030日圓

新千歲
機場

往旭川 Ⓐ 往小樽 Ⓑ

超值票券

●小樽自由套票（JR）
札幌站出發1940日圓　可使用1日

包括從出發站至小樽站的來回車票，以及「小樽市內線巴士1日乘車券」。JR的小樽站～小樽築港站之間也可自由上下車。

●小樽1日自由套票
（北海道中央巴士）
札幌出發1700日圓　可使用1日

包括札幌～小樽間的來回高速巴士車票，以及「小樽市內線巴士1日乘車券」。

●旭山動物園套票（JR）
札幌出發6130日圓　可使用4日

從出發站至旭川站的特急・急行的普通車單程車票（自由座）＋旭川站前～旭山動物園的巴士來回車票＋旭山動物園門票使用券（1日）搭配成的套票。

●旭山動物園來回巴士套票
（北海道中央巴士）
札幌出發4700日圓　可使用1日

札幌出發的高速巴士あさひかわ號來回車票＋旭川站前～旭山動物園的巴士來回車票＋旭山動物園門票搭配成的套票。

洽詢處

TOYOTA租車
☎0800-7000-111

NIPPON租車
☎0800-500-0919

Times租車
☎0120-00-5656

日產租車
☎0120-00-4123

歐力士租車
☎0120-30-5543

HONDA租車
☎0120-053-539

ACCESS GUIDE

遊逛札幌的方式

札幌的觀光景點從時計台等市中心區域分布到藻岩山等近郊，範圍相當大，
如果能善加利用地下鐵及巴士，就能輕鬆抵達各個景點。

區域內的移動方式

● 地下鐵
札幌市內的地下鐵有南北向的南北線與東豐線、東西向的東西線等3條路線。其中，搭乘南北線前往札幌站周邊、薄野、中島公園十分方便，是觀光時最常利用到的路線。前往羊之丘的話可以搭乘東豐線，要去圓山公園或新札幌則是坐東西線。各路線可以在地下鐵札幌站與地下鐵大通站轉乘。

● 市電
沿途會經過薄野、藻岩山的空中纜車入口等，環狀行駛於札幌市內的路面電車。搭車是由車身中央的車門上車，下車時則於駕駛員側付費（170日圓）後下車。6:10～23:30左右的時段內每隔6～8分有一班車。

● 巴士
如果想走訪市內的主要觀光景點，建議搭乘「さっぽろうぉ〜く（SAPPORO WALK）」。沿途會經過札幌啤酒園、SAPPORO Factory、大通公園等，繞行一圈約30分。7:05～22:55從札幌站前發車，每隔約20分有一班。搭乘1次200日圓，1日乘車券為750日圓。班次會依時期而有更動，搭乘前請先洽詢。

● 計程車
大部分的觀光景點周邊都會有許多計程車，起跳多為670日圓。個人計程車會提供觀光客各式各樣的觀光行程。（札幌個人計程車同業公會 ☎0120-818-424　手機請撥☎011-852-3322）

超值票券

票券名稱	使用條件	價格	購票地點
地下鐵專用 1日乘車券	地下鐵	830日圓	各地下鐵車站售票機（除一部分售票機外）月票申購處
ドニチカキップ	週六、週日、假日之地下鐵	520日圓	
どサンこパス	週六、週日、假日之市電	310日圓	市電車內、大通站月票申購處
札幌市內 1日乘車券	「さっぽろうぉ〜く（SAPPORO WALK）」、中央巴士的210日圓、240日圓乘車區間	750日圓	「さっぽろうぉ〜く（SAPPORO WALK）」巴士車內、札幌市內巴士總站
1日乘り ほーだい きっぷ	JR北海道巴士（不包括高速巴士）	800日圓	一般路線巴士車內、各營業處等

洽詢處

札幌市交通局
（交通服務中心）
☎011-232-2277

北海道中央巴士
☎011-231-0500

JR 北海道巴士
☎011-241-3771

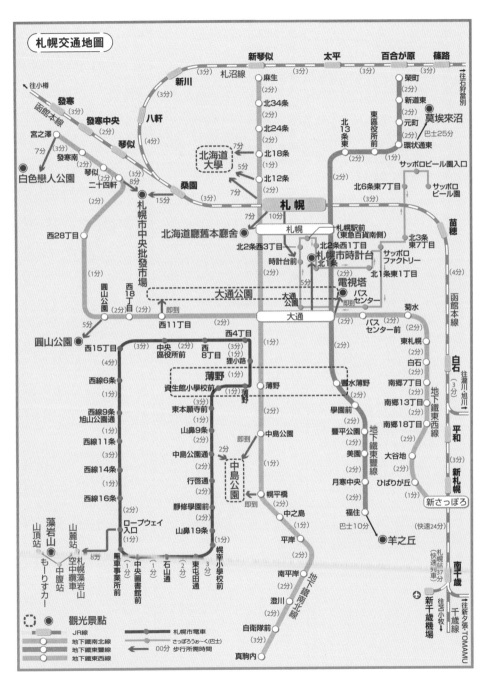

札幌交通地圖

往小樽 →

函館本線

發寒 (3分)
發寒中央 (2分)
琴似
宮之澤
發寒南 (2分)
琴似 (3分)
二十四軒 8分
7分
西28丁目
圓山公園
西18丁目 (2分)
5分
圓山公園
西15丁目 (3分)
西線6条 (4分)
西線9条旭山公通通 (1分)
西線11条 (3分)
西線14条 (1分)
西線16条 (2分)
藻岩山
山頂站
山麓站
中腹站
札幌藻岩山空中纜車
もーりすカー

新琴似 (3分) 太平 (3分) 百合が原 (3分) 篠路

(3分) 札沼線
新川 (3分) 麻生
八軒 (4分) 北34条 (2分)
北海道大學 北24条 (2分)
北18条 (1分) 7分
桑園 (3分) 北12条 5分

榮町
新道東 (2分)
元町 莫埃來沼
環状通東 巴士25分
(1分)

北13条東
東區役所前 (2分)

サッポロビール園入口
北6条東7丁目 サッポロビール園

札幌 10分

北海道廳舊本廳舍
北2条西3丁目 札幌駅前 (東急百貨南側) 北3条東7丁目 苗穗
時計台前 北2条西1丁目 サッポロファクトリー (4分)
(2分) 北1条 北1条東1丁目
北1条 札幌市時計台
電視塔 バスセンター
大通公園
大通 即到 (2分) バスセンター前 (2分)
即到 菊水 東札幌
西11丁目 (2分) (2分)
西4丁目 (1分) 白石 (2分)
中央區役所前 (3分) 西8丁目 (1分) 南郷7丁目 地下鐵東西線 (3分)
狸小路 豐水薄野 南郷13丁目
薄野 (1分) (2分) 南郷18丁目 (2分)
資生館小學校前 薄野 學園前 地下鐵東豐線
(3分) (1分) (2分)
東本願寺前 (2分) 豐平公園 大谷地
(1分) (2分) (2分)
山鼻9条 中島公園 美園 ひばりが丘 (1分)
(1分) (2分)
中島公園通 2分 月寒中央 新さっぽろ
行啓通 (2分) 中島公園 (1分) 福住
(2分) (2分) 巴士10分 (快速24分)
靜修學園前 幌平橋 羊之丘
(2分) 中之島
ロープウェイ入口 山鼻19条 (1分)
(1分) 平岸
電車事業所前 中央圖書館前 幌南小學校前 (2分)
(1分) (1分) 石山通 東屯田通 南平岸
(2分) (2分) (2分)
澄川 新千歲機場
(2分)
自衛隊前 往小樽
(3分) 新千歲機場
真駒內 千歲線

觀光景點

- 〇 JR線
- 〇 地下鐵南北線
- 〇 地下鐵東豐線
- 〇 地下鐵東西線
- 〇 札幌市電車
- さっぽろおーく(巴士)
- 00分 步行所需時間

INDEX

観光景點　　體驗　　用餐　　咖啡廳

購物　夜間娛樂　温泉　住宿

INDEX

 觀光景點　 體驗　 用餐　 咖啡廳

從名字搜尋

來趟發現「心世界」的旅行

mani
mani

漫履慢旅
札幌 小樽
富良野 旭山動物園

休日慢旅⑦

【休日慢旅7】
札幌 小樽 富良野 旭山動物園

作者／JTB Publishing, Inc.
翻譯／甘為治
校對／汪欣慈
編輯／林庭安
發行人／周元白
排版製作／長城製版印刷股份有限公司
出版者／人人出版股份有限公司
地址／23145新北市新店區寶橋路235巷6弄6號7樓
電話／（02）2918-3366（代表號）
傳真／（02）2914-0000
網址／www.jjp.com.tw
郵政劃撥帳號／16402311人人出版股份有限公司
製版印刷／長城製版印刷股份有限公司
電話／（02）2918-3366（代表號）
經銷商／聯合發行股份有限公司
電話／（02）2917-8022
第一版第一刷／2017年1月
定價／新台幣320元

日本版原書名／マニマニ札幌 小樽 富良野 旭山動物園
日本版發行人／秋田 守
Manimani Series
Title: Sapporo・Otaru・Furano・Asahiyama Doubutsuen
©2016 JTB Publishing, Inc.
All Rights Reserved.
First published in Japan in 2016 by JTB Publishing, Inc. Tokyo.
Chinese translation rights arranged with JTB Publishing, Inc.
through Creek and River Co., Ltd., Tokyo.
Chinese translation copyright © 2017 by Jen Jen Publishing Co., Ltd.

See you!

國家圖書館出版品預行編目(CIP)資料

札幌 小樽 富良野 旭山動物園 /
JTB Publishing, Inc.作；甘為治翻譯.
-- 第一版. -- 新北市：人人, 2017.1
面；　公分. --（休日慢旅；7）
譯自：マニマニ札幌 小樽 富良野 旭山動物園
ISBN 978-986-461-076-1(平裝)
1.旅遊 2.日本北海道
731.7909　　　　　　　　105021177

WHH

● 「この地図の作成に当たっては、国土
地理院長の承諾を得て、同院発行の50
万分の1地方図、2万5千分の1地形図及
び電子地形図25000を使用した。（承諾
番号　平26情使、第244−800号）」

「この地図の作成に当たっては、国土地
理院長の承諾を得て、同院発行の数値地
図50mメッシュ（標高）を使用した。（承
諾番号　平26情使、第242−484号）」

● 本書中的內容為2015年11月〜12月的
資訊。發行後在費用、營業時間、公休
日、菜單等營業內容上可能有所變動，或
是因臨時歇業等而有無法利用的狀況。此
外，包含各種資訊在內的刊載內容，雖然
已經極力追求資訊的正確性，但仍建議在
出發前以電話等方式做確認、預約。此
外，因本書刊載內容而造成的損害賠償責
任等，敝公司無法提供保證，請在確認此
點之後購買。

● 本書中的各項費用，原則上是取材時
確認的消費稅含稅金額。而入園門票等，
沒有特別標示者都是成人的費用。但是，
各種費用還是有可能變動，在前往消費時
請多加注意。●關於交通工具的所需時間
都只是參考時間，請多留意。另外，關於
公共交通工具的車資，使用IC乘車卡時，
部分地區、公司的車資可能會有不同。●
公休日原則上省略新年期間、盂蘭盆節、
黃金週和臨時停業的標示。●本書刊載的
利用時間，原則上為開店（館）〜閉店
（館）。最後點菜及入店（館）時間，通
常為閉店（館）時刻的30分〜1小時前，
請多留意。●本書刊載的溫泉泉質、效能
為源泉具備的性質，並非個別浴池的功
效；是依照各設施提供的資訊製作而成。

● 本書刊載的住宿費用，原則上單人
房、雙床房是1房的客房費用；而1泊2
食、1泊附早餐、純住宿，則標示2人1房
時1人份的費用。金額是以採訪時的消費
稅率為準，包含各種稅金、服務費在內的
費用。費用可能因季節、人數而有所變
動，請多留意。

SPECIAL THANKS!

在此向翻閱本書的你，
以及協助採訪、執筆的各位
致上最深的謝意。